Você está com SORTE

CARO LEITOR,

Queremos saber sua opinião sobre nossos livros.
Após sua leitura, acesse nosso *site* (www.editoragente.com.br),
cadastre-se e contribua com sugestões, críticas ou elogios.

Boa leitura!

Você está com SORTE

DEBORAH AARONSON E KEVIN KWAN

TRADUÇÃO DE
MARIA ALAYDE CARVALHO

Editora Gente

Editora
Rosely M. Boschini

Coordenação editorial
Fernando Fernandes

Assistência editorial
Rosângela Barbosa

Produção
André Medella

Copidesque
Sandra Silva

Projeto gráfico e ilustrações
Lara Harris

Editoração
Join Bureau

Capa
Eduardo Profeta

Foto de capa
Last Resort/ Digital Vision/ Getty Images

Revisão
Flávia Schiavo

Título original: *Luck* – The essencial guide

Rua Pedro Soares de Almeida, 114
São Paulo, SP – CEP 05029-030
Telefone: (11) 3670-2500
Site: http://www.editoragente.com.br
E-mail: gente@editoragente.com.br

Dados Internacionais de Catalogação na Publicação (CIP)
(Câmara Brasileira do Livro, SP, Brasil)

Aaronson, Deborah
Você está com sorte / Deborah Aaranson e Kevin Kwan ; tradução de Maria Alayde Carvalho. — São Paulo : Editora Gente, 2008.

Título original: Luck: the essential guide.
Bibliografia
ISBN 978-85-7312-607-5
1. Fortuna 2. Sorte 3. Superstição I. Kevin Kwan. II. Título.

08-08639 CDD-398.41

Índices para catálogo sistemático:

1. Sorte : Crendices : Folclore 398.41

1
COISAS QUE TRAZEM SORTE

Se você já se perguntou por que certos objetos se transformaram em talismãs, não se preocupe: vai encontrar aqui suas respostas. Apresentamos na primeira parte deste guia uma lista dos amuletos mais populares e bem-sucedidos – que merecem, há séculos, a confiança das pessoas de praticamente todas as regiões do planeta. Procuramos, em cada caso, separar os fatos da superstição para explicar como esses objetos se tornaram portadores da boa fortuna e, o que é mais importante, para ensinar você a usá-los da melhor forma possível.

Embora a maior parte das explicações seja razoável (ou quase), há circunstâncias em que a fama de um talismã ou de determinada prática desafia os limites plausíveis da lógica. Às vezes, porém, um amuleto é apenas um amuleto – quaisquer que sejam as convicções e preferências da pessoa que o adota.

ABRACADABRA
BRACADABR
RACADAB
ACADA
CAD
A

POR QUE TRAZ SORTE

Muito antes que os mágicos profissionais a adotassem em suas apresentações, a palavra *abracadabra* já estava investida de poder próprio. Pessoas que buscavam boa fortuna eram aconselhadas a escrevê-la em um pedaço de papel repetidas vezes, eliminando as letras das extremidades a cada repetição, o que formaria a figura de um triângulo invertido. Usado em torno do pescoço como um talismã, esse pedaço de papel sempre teve a reputação de atrair boa sorte para o dono, além de livrá-lo de suas mazelas. Mais tarde, contudo, tal crença evoluiu da palavra escrita para a palavra falada, e o termo passou a ser adotado pelos mágicos e por suas belas assistentes no célebre truque de tirar um coelho da cartola. Mencionada pela primeira vez por um médico esotérico no século II da era cristã, a palavra, segundo alguns, talvez se origine do idioma hebreu. Outros sugerem raízes egípcias para o termo. Há, enfim, inúmeras explicações, e todas parecem igualmente prováveis.

COMO USAR

Embora a opção de usar um amuleto em vez de consultar o médico não seja nada recomendável, os talismãs feitos com a palavra *abracadabra* são fáceis de confeccionar e de usar para atrair boa sorte. Uma alternativa também possível é escrevê-la em um pedaço de papel, dobrá-lo em forma de cruz (não sabemos, na verdade, como fazer isso, mas é o que dizem os adeptos dessa crença) e usá-lo como amuleto. Segundo a tradição, à medida que a palavra se torna mais curta, o azar diminui e a boa sorte aumenta. Depois de nove dias, jogue o amuleto em um rio ou regato que corre na direção do leste, mas faça isso olhando para trás.

FRUTO DO CARVALHO

POR QUE TRAZ SORTE

Alguns alegam que a crença no poder desse tipo de noz se originou da analogia com o próprio carvalho, árvore considerada sagrada, pelo menos desde a cultura *viking*, entre os povos antigos. O carvalho estava relacionado ao deus Tor, conhecido por suas cavalgadas pelos céus durante as tempestades, quando provocava raios e trovões a cada batida de seu poderoso martelo. Embora as árvores atraiam fortemente os raios, reza a lenda que o deus costumava poupar os carvalhos – e seus frutos – da própria ira. Outros acreditam que os druidas, sacerdotes celtas, faziam uso desses frutos em seus rituais sagrados, além de adotá-los como amuletos. Outros ainda argumentam que as propriedades benéficas das bolotas de carvalho têm significado muito mais simples: a triunfante transformação de uma pequena noz em uma árvore tão majestosa simboliza tenacidade e longevidade. Leve consigo esse talismã e você terá também vida longa.

COMO USAR

É fácil comprar, hoje em dia, um amuleto de noz de carvalho feito de ouro ou prata. Muitos acreditam, porém, que o uso de noz verdadeira (no bolso ou na bolsa) é uma forma de assegurar boa sorte. O fruto do carvalho (real ou artificial) pode também ser pendurado nas janelas ou sobre o batente das portas para proteger a casa dos fenômenos meteorológicos ameaçadores. As bolotas têm, ainda, a fama de ser valiosos componentes das adivinhações românticas: mergulhe duas delas em um recipiente cheio de água (uma representa você e a outra a pessoa de quem gosta). Se ambas flutuarem juntas, isso significa que vocês estão a caminho do altar.

SORTE DE PRINCIPIANTE

POR QUE TRAZ BOM ÊXITO

Muitos já passaram pela experiência de ganhar a primeira partida de um jogo até então desconhecido para eles ou de vencer um adversário muito mais forte em uma competição qualquer. Embora alguns sugiram que esse sucesso se deve à ausência de pressão psicológica sobre os novatos, todos sentem certa tensão diante do inesperado – mesmo que as expectativas sejam modestas. Na falta de uma explicação mais clara e lógica para o fato de que os inexperientes muitas vezes se saem tão bem de situações inéditas, muita gente atribui o fenômeno simplesmente à "sorte de principiante". Várias crenças relativas à sorte se baseiam no valor dado ao início ou à abertura de alguma coisa: um novo ano, uma nova vida, uma nova aquisição ou um novo trabalho ou negócio, por exemplo. Há apenas um passo entre esse conceito e a suposição de que os principiantes, em qualquer circunstância, carregam consigo o mesmo potencial de atrair o bom agouro tão característico das coisas novas. Para sorte deles, basta apenas que estejam presentes.

COMO USAR

Procure tirar todas as vantagens possíveis de sua sorte de principiante – não se esqueça de que ela só ocorre uma vez. Você pode também aproveitar a sorte de outro principiante. Caso planeje uma visita a um cassino durante uma viagem de férias ou tenha de participar de uma partida importante de seu time de futebol amador, por exemplo, convide um amigo novato para lhe fazer companhia.

A COR AZUL

POR QUE TRAZ SORTE

Embora o simples fato de gostar de azul não se relacione com boa sorte, a *Bíblia* destaca essa cor considerando-a importante, e ela está presente na bandeira de Israel e em muitas outras, além de ser intimamente associada à Virgem Maria. Aparece também com certa freqüência em expressões idiomáticas: "sangue azul", por exemplo, significa nobreza e a expressão inglesa *true blue* é um elogio que se aplica a pessoas que sabem manter a lealdade. Existe ainda nos países de língua inglesa a expressão *blue-clue*, relativa a uma antiga adivinhação romântica que remonta ao século XVIII e requer um fio de lã ou de algodão azul, um caldeirão e a crença de que, juntos, esses apetrechos poderão ajudar você a identificar seu verdadeiro amor. No século XIX e no início do século XX, nesses países, os homens costumavam usar suportes azuis para prender as meias, as crianças ornavam o pescoço com fitas azuis e as mulheres trançavam contas azuis nos cabelos – tudo isso em busca de boa sorte e proteção. E as noivas, naturalmente, queriam todas usar "alguma peça azul" no dia do casamento para atrair felicidade e fortuna.

COMO USAR

Mesmo que você não esteja para se casar, lembre-se: o uso de alguma coisa azul diante de uma situação nova sempre favorece o sucesso e a boa sorte.

BOTÕES

POR QUE TRAZEM SORTE

Embora muita gente saiba que os trevos de quatro folhas e as ferraduras atraem boa sorte, poucos conhecem o fato de que os botões não apenas são símbolos da fortuna como também têm mais capacidade de predizer a futura carreira das pessoas do que os testes vocacionais e de personalidade. Eles são conhecidos desde tempos remotos, embora fossem usados somente como adornos até o século XIII, quando alguém inventou as casas para lhes dar uma função mais importante. Existe, ainda que por motivos ignorados, a crença de que os botões se tornarão talismãs mais poderosos se forem encontrados por acaso ou recebidos como presente de outra pessoa.

COMO USAR

Tenha o cuidado, enquanto se veste, de introduzir cada botão de suas roupas na casa correspondente, do contrário a má sorte vai perseguir você durante todo o dia. Para evitar isso, remova totalmente a peça que abotoou de maneira errada e comece a vesti-la de novo. Se quiser uma predição da carreira de seu (sua) parceiro(a), pegue alguns botões e recite enquanto os conta:

“Um médico, um advogado, um comerciante, um líder,
um rico, um pobre, um mendigo, um ladrão”.

A atividade correspondente ao último botão indicará a profissão de seu (sua) futuro(a) companheiro(a). Se preferir experimentar a versão inglesa dessa adivinhação, você vai precisar de um número maior de botões:

“Funileiro, alfaiate, soldado, marinheiro,
cavaleiro, farmacêutico, agricultor, ladrão.
Bravo soldado, marinheiro leal, médico hábil, universitário,
advogado experiente, fazendeiro forte, piloto audaz, pálido pastor.
Exército, Marinha, medicina, lei, igreja, nobreza – ou nada disso”.

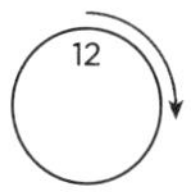

O MOVIMENTO DO RELÓGIO

POR QUE TRAZ SORTE

A adoração ao Sol revelou-se fundamental para muitas culturas ancestrais, em que incontáveis mitos, rituais e festivais prestavam homenagem à supremacia do astro-rei. Como resultado, a imitação do movimento do Sol (no sentido horário, seguido pelos ponteiros dos relógios) era considerada uma forma de atrair a sorte e de afastar o azar. Nos funerais e nos casamentos, por exemplo, as pessoas deviam movimentar-se segundo a direção do Sol, e alguns dos participantes eram incumbidos de fazer três voltas em torno do ambiente (sempre no sentido horário) para atrair maiores bênçãos e mais proteção. Os pescadores também seguiam essa prática deixando o porto e dirigindo seus barcos para a direita sempre que possível.

COMO USAR

Em qualquer ação que pretenda iniciar, será sempre melhor seguir o sentido horário. Esse princípio abrange qualquer movimento – da disposição dos lugares destinados aos convidados para um jantar à ordem pela qual você passa as cópias de um relatório aos membros de uma reunião sentados em torno da mesa ou à direção de suas mãos enquanto massageia as costas de uma pessoa. A preparação dos alimentos (na hora de misturar os ingredientes em uma massa ou um molho, por exemplo) deve também ser feita segundo o movimento dos ponteiros do relógio. Se você costuma jogar cartas e estiver em uma noite azarada, levante-se e circule três vezes sua cadeira, sempre no sentido horário, para mudar a direção da sorte. Outro antídoto eficiente contra qualquer tipo de má sorte é dar três voltas sobre si mesmo seguindo o movimento do Sol.

CARVÃO

POR QUE TRAZ SORTE

Mesmo que ninguém se lembre do carvão quando pensa em boa sorte, ele é considerado um talismã comprovadamente eficaz. Durante o século XIX, os assaltantes costumavam levar consigo um pedaço desse minério antes de entrar em ação para evitar que a polícia os descobrisse.* Os soldados também seguiam essa prática nas batalhas, assim como os marinheiros ao embarcar para uma viagem marítima. Embora nos Estados Unidos haja o costume de alertar as crianças de que, se não se comportarem bem, correrão o risco de só receber carvão como presente de Natal, no Reino Unido o minério é parte essencial de um popular ritual chamado Primeiro Passo. Acredita-se que a primeira pessoa a entrar em uma casa no dia de ano-novo deve levar como presente um punhado de carvão, que será em seguida queimado na lareira enquanto o anfitrião faz um pedido. Isso trará boa sorte aos moradores da casa durante o ano inteiro.

COMO USAR

Escolha um pedaço de carvão e guarde-o no bolso. O fato de encontrar um pedaço de carvão no chão é considerado um bom augúrio. Se isso acontecer com você, recomenda-se que faça uma opção entre duas alternativas: cuspir no carvão antes de guardá-lo no bolso ou atirá-lo sobre o ombro esquerdo e deixá-lo para trás. Assim a sorte o seguirá aonde quer que você vá.

---

* A confiabilidade desse uso do carvão como amuleto é sem dúvida questionável, uma vez que os relatos de tal prática foram feitos por assaltantes que estavam na prisão.

MOEDAS

POR QUE TRAZEM SORTE

A tradição das moedas como mensageiras de boa sorte remonta aos tempos em que os povos acreditavam que os deuses do ar regiam a vida de todos e por isso pagavam tributos a suas divindades arremessando moedas em determinados locais. Os deuses das águas, cuja influência sobre os destinos humanos era considerada igualmente poderosa, recebiam seus tributos por meio de moedas lançadas em fontes ou no próprio mar. A prática de atirar moedas em poços para evitar que se secassem era comum desde a Grécia antiga.

COMO USAR

Leve sempre uma moeda no bolso para dar sorte. Se quiser reforçar esse efeito, procure uma que estampe o ano em que você nasceu. Se achar uma moeda (sobretudo com a face que mostra a efígie voltada para cima), recolha-a, pois isso significa que você encontrará outras. Alguns dizem que o fato de achar uma moeda logo após uma tempestade traz ainda mais sorte, pois é provável que tenha caído do céu. As moedas devem ser guardadas na cozinha, dentro de um jarro ou pote, para atrair boa sorte. Atire uma moeda (ou, de preferência, três) em um poço ou uma fonte para ter sorte em tudo na vida. Se você girar uma moeda no bolso enquanto olha o céu numa noite de lua nova, terá sucesso financeiro garantido durante todo o mês. As moedas furadas (associadas a conchas e seixos usados como colares pelos deuses do mar) ou retorcidas também trazem boa sorte.

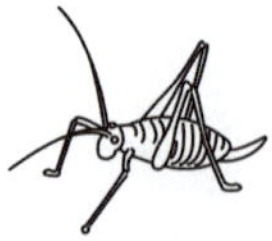

GRILOS

POR QUE TRAZEM SORTE

É universal a crença de que os grilos são mensageiros da boa sorte, sobretudo no aspecto financeiro. Nos séculos passados eles costumavam ser encontrados nas casas, onde entravam em busca de calor e se instalavam perto do forno ou da lareira. Eram, em conseqüência disso, vistos como a encarnação do aconchego e do conforto doméstico. Os chineses construíam pequenas gaiolas para conservar os grilos dentro de casa e assegurar, assim, a continuidade da boa sorte. Chegavam a levá-los consigo quando saíam para que a fortuna sempre os acompanhasse. Existe também a crença de que os grilos são capazes de prever as mudanças climáticas (cantam mais alto quando está para chover), de sentir a aproximação da morte (abandonam a casa) e de antecipar a chegada de estranhos (param de cantar). Os amuletos em forma de grilo são encontrados em culturas antigas existentes em todas as regiões do planeta e têm fama de grande eficácia para afastar mau-olhado.

COMO USAR

Se encontrar um grilo, você não precisa fazer nada, mas evite matá-lo, já que isso sem dúvida trará muita má sorte. Nesse caso, tudo poderá acontecer – desde uma invasão de grilos, que vão comer suas meias e outros objetos da casa, até a morte certa.

OBJETOS RETORCIDOS

POR QUE TRAZEM SORTE

Os objetos tortos ou retorcidos representam, para muitos, uma conotação negativa que evoca imagens mentais de políticos corruptos e empresários gananciosos. No mundo dos talismãs, porém, julga-se que contenham grande potencial de boa sorte. Um cravo de ferradura ou um alfinete torto, por exemplo, são símbolos de bom agouro. Gravetos retorcidos têm muita utilidade na cozinha, pois se acredita que, se forem colocados ao lado do forno, evitarão que os assados se queimem. Além disso, há entre os fazendeiros a prática de arar a terra em sentido tortuoso para afastar os maus espíritos. As moedas tortas ou amassadas, de todos os tipos e origens, são consideradas amuletos poderosos desde o século XVI. Podem ser guardadas como talismãs pessoais, dadas em oferenda aos santos ou lançadas à água quando fazemos um pedido. São excelentes mensageiras de boa sorte para quem as carrega no bolso, curam aqueles que as conservam debaixo do travesseiro e nunca devem ficar longe das pessoas que desejam afugentar a má sorte.

COMO USAR

Se você achar um objeto retorcido, deve recolhê-lo e, caso queira conservá-lo, há quem afirme ser melhor guardá-lo no bolso esquerdo. Se tiver um pedido muito importante a fazer, jogue uma moeda amassada na água de uma fonte antes de expressá-lo.

DARUMA

POR QUE TRAZ SORTE

Sem braços, sem pernas e sem olhos, os bonecos daruma não parecem tão atraentes, mas seu uso como amuletos é, na verdade, muito comum. O nome deriva do fundador do zen-budismo, o Bodhidharma, pois os daruma são extremamente difundidos no Japão e agora se tornaram populares também nos Estados Unidos. Ocos, côncavos, feitos de papel machê ou de cerâmica, têm forma arredondada e baixo centro de gravidade, o que os faz parecidos com os bonecos do tipo joão-bobo, que tombam, mas não caem. Eles são considerados, em conseqüência disso, autênticos símbolos de firmeza e persistência diante das adversidades. Os olhos vazios são, na verdade, um espaço em branco no qual o dono do boneco pode desenhar seus desejos. O primeiro olho deve ser pintado logo após a compra enquanto o proprietário pensa no objetivo que pretende alcançar. O outro olho só será pintado quando esse objetivo ou desejo se concretizar.

COMO USAR

Se você tiver uma tarefa difícil pela frente ou estiver envolvido em algum novo projeto, compre um daruma. Embora se apresente em vários tamanhos, não há evidências de que um boneco maior traga melhores resultados, portanto prefira o tamanho que mais combine com seu objetivo (ou com o tamanho de sua moradia). Um daruma adquirido ou presenteado no dia 1º de janeiro se torna a representação perfeita de uma resolução de ano-novo. Quando seu objetivo for atingido, você poderá pintar o segundo olho e exibir orgulhosamente seu daruma como um símbolo de realização.

ROUPAS DA SORTE

POR QUE TRAZEM SORTE

Muitos acreditam que o uso de determinada peça de roupa afeta de forma positiva o resultado de um evento esportivo ou de qualquer outro tipo de atividade importante. Essa não é uma crença recente. Embora não haja nenhuma explicação satisfatória que justifique tantas superstições associadas às roupas, elas existem desde os primórdios da humanidade. Há muito se considera, por exemplo, que o fato de vestir uma peça pelo avesso ou ao contrário traz boa sorte. Uma roupa nova se transformará em poderoso talismã se pusermos uma moeda em um dos bolsos ou a costurarmos em sua bainha. Considera-se também de bom augúrio uma tradição bastante antiga que em algumas regiões recebe o nome de "estréia" e consiste no uso de trajes novos, ou pelo menos de uma peça nova, em datas como Natal ou ano-novo, pois esse gesto convida os deuses da sorte a nos presentear com muitas outras roupas novas.

COMO USAR

Comece a vestir-se sempre pelo lado direito: coloque primeiro o braço direito na manga da camisa e a perna direita nas calças, por exemplo. Cuidado na hora de abotoar suas roupas: evite enfiar os botões nas casas erradas. Se isso acontecer, dispa totalmente a peça e recomece a operação. Se perceber que vestiu alguma coisa pelo avesso, não a retire e, pelo contrário, fique com ela durante o dia inteiro, pois isso lhe dará sorte. Para neutralizar o azar e transformá-lo em boa sorte, use seu chapéu ao contrário ou vista as roupas íntimas pelo avesso.

ELEFANTE

POR QUE TRAZ SORTE

Embora não tenhamos muitas chances de encontrar um elefante, reza a tradição que o fato de cruzar com um deles sempre traz muita sorte. Considerado uma das criaturas mais sábias do reino animal, o elefante é famoso por sua memória prodigiosa, assim como pela força fenomenal, e a crença em seus poderes benéficos deriva da admiração que tem inspirado, durante séculos, entre inúmeros povos. Esse animal é particularmente valorizado na cultura indiana, segundo a qual Ganeça, o bem-amado deus da sabedoria e da boa sorte, aparece na forma de um ser com cabeça de elefante e é conhecido por sua capacidade de favorecer os mortais, sobretudo no aspecto financeiro e nos negócios.

COMO USAR

O uso de um talismã em forma de elefante transfere a seu dono as características do animal, incluindo a sabedoria e a habilidade (no sentido metafórico, é claro) de remover os obstáculos do caminho. Alguns acreditam que os braceletes e os anéis feitos do pêlo da cauda dos elefantes são portadores de boa sorte. Uma estátua desse simpático animal pode ser colocada no lado externo da entrada da casa (voltada para a porta) com o propósito de protegê-la dos reveses e das más intenções e de atrair boa fortuna. Embora haja opiniões diferentes sobre o assunto, tudo indica que as presas dos elefantes ornamentais podem estar voltadas para cima ou para baixo. No primeiro caso, a sorte é atraída e conservada, mas no segundo pode escapar e partir para sempre.

DEDOS CRUZADOS

POR QUE TRAZEM SORTE

A explicação mais comum do poder e da permanência desse costume está associada aos tempos iniciais do cristianismo. Proibidos de manifestar sua fé em público, os primeiros seguidores de Cristo identificavam-se e demonstravam solidariedade através do gesto de cruzar os dedos. Há, no entanto, aqueles que rejeitam essa explicação argumentando que a forma criada pelo cruzamento dos dedos não tem nenhuma relação com o formato real de uma cruz. Alegam ainda que essa interpretação surgiu apenas muito recentemente, no final do século XIX. Talvez a explicação mais satisfatória seja a crença de que podemos prender um desejo ou uma mentira no ponto em que nossos dedos se cruzam. O desejo permanece lá até ser realizado e a mentira fica ali retida, oculta e livre do risco de ser descoberta.

COMO USAR

Todos nós conhecemos muito bem o costume de cruzar os dedos quando dizemos uma mentira e queremos amenizar os efeitos desse mau comportamento. É também muito comum, porém, o hábito de cruzar os dedos (o indicador e o médio) quando formulamos um desejo ou pretendemos afastar a má sorte em certas situações, tais como passar sob uma escada ou diante de um cemitério, entre outras. Se você quer reforçar a chance de realizar um desejo, peça a ajuda de uma pessoa amiga, como se fazia antigamente, e forme uma cruz com seu dedo indicador e o dedo indicador do outro. Você expressa um pedido enquanto o outro lhe deseja boa sorte. Ambos podem trocar de lugar em seguida.

TREVO-DE-QUATRO-FOLHAS

POR QUE TRAZ SORTE

Não parece haver outra razão tangível que explique seu poder de atrair boa sorte além da raridade dos pequenos trevos-de-quatro-folhas, embora até mesmo os druidas, altos sacerdotes celtas, sempre se dedicarem à tarefa de procurá-los. Eles acreditavam que essas delicadas plantinhas eram eficientes protetoras contra os seres malévolos, detectando-os e os tornando visíveis, o que conferia aos druidas a capacidade de perceber e neutralizar seus truques. Apesar de Eva, que levou consigo um exemplar dessa planta quando deixou o Jardim do Éden, ter enfrentado uma existência acidentada depois da expulsão do paraíso, o trevo-de-quatro-folhas costuma ser associado ao amor e ao casamento. Quando encontrado, segundo a crença, atrai logo vários pretendentes para sua afortunada possuidora. Acredita-se também que cada uma das quatro folhas está investida de um poder específico: a primeira traz "fama", a segunda "prosperidade", a terceira um "amor fiel" e a quarta é portadora de "saúde absoluta".

COMO USAR

Embora seja fácil hoje em dia comprar trevos de quatro folhas, que são produzidos em massa, o melhor é encontrá-los por acaso, à moda antiga, pois assim se tornam mais poderosos. Se você achar um deles, guarde-o para que lhe traga prosperidade ou dê de presente a um(a) amigo(a) ou namorado(a) como prova de devoção e presságio de boa fortuna. Uma ótima alternativa é colocá-lo no sapato e esperar: a primeira pessoa que você encontrar será seu (sua) futuro(a) companheiro(a).

O COCÔ DE OURO

POR QUE TRAZ SORTE

Em 1999, o presidente de uma empresa japonesa que fabrica objetos para presente teve a brilhante idéia de criar um amuleto de ouro na forma de um perfeito cocô. De dimensões diminutas, esses talismãs logo viraram moda entre as garotas estudantes e depois conquistaram fama generalizada, requisitados por todos – dos homens de negócios às doces vovós. Mais de 2 milhões desses pequenos amuletos de ouro já foram vendidos desde seu lançamento. Mas por que, entre tantas opções, tinha de ser justamente o cocô? O motivo é simples. O talismã é chamado de "kin no unko" (cocô de ouro, em japonês), e a palavra unko (cocô) é homônima do termo que significa "sorte". No Reino Unido, o cocô tem uma longa história de associações com a boa fortuna. Desde o século XII, por exemplo, o fato de pisar em excremento fresco é considerado um presságio de boa sorte, assim como receber uma inesperada "condecoração" de um pássaro. Da mesma forma, os parisienses acreditam que se você pisar em fezes de cachorro com o pé esquerdo também terá boa sorte. Nada mais justo que obter alguma compensação depois de tantas "pisadas em falso".

COMO USAR

Esses talismãs podem ser usados em pulseiras, colares ou pendurados no telefone celular. Mesmo que a idéia não lhe agrade muito, lembre-se de que parece ter dado bom resultado para mais de 2 milhões de pessoas, portanto não custa tentar.

MÃOS

POR QUE TRAZEM SORTE

As mãos desempenham papel significativo na vida de todos nós como símbolos de promessas ou intenções. Selamos nossos acordos com um aperto de mão, damos a mão em casamento e demonstramos respeito e fidelidade pondo a mão sobre o coração. Os amuletos em forma de mãos são usados, para se obter sorte e proteção, desde a Antiguidade, incluindo os símbolos hamsa (árabe) e hamesh (hebreu). Alguns ladrões, na Idade Média, se serviram desse poder criando o próprio amuleto, chamado de "mão da glória". As mãos dos criminosos condenados à forca eram separadas do corpo, após a morte, e secas em salmoura. Aplicava-se, em seguida, uma vela (nem ousamos perguntar do que era feita) a esse símbolo macabro que os assaltantes levavam consigo durante suas atividades ilícitas.

COMO USAR

Escolha um talismã de acordo com seu gosto. O ato de esfregar as mãos de uma pessoa que acaba de passar por um período afortunado é considerado de boa sorte, pois a boa sorte se transfere a você. A mão direita tem sempre preferência sobre a esquerda em qualquer circunstância (que os canhotos nos desculpem!). Se você acidentalmente apertar duas vezes a mão da mesma pessoa, faça isso pela terceira vez para afugentar o azar. Você também pode usar a mão direita para fazer o sinal do chifre (estique o dedo mínimo e o indicador enquanto dobra o polegar e os outros dedos sobre a palma da mão) ou da figa (dobre os dedos e encaixe o polegar entre o indicador e o dedo médio) para afastar mau-olhado.

CHIFRE

POR QUE TRAZ SORTE

Os chifres de animais como bois, carneiros, touros, antílopes e cervos são conhecidos em muitos países como símbolos de fertilidade e fartura. Na Itália, onde recebem o nome de cornos e são extremamente populares, têm a reputação de atrair prosperidade e de proteger seu dono contra mau-olhado.

COMO USAR

Pendurados na parede, os chifres trazem sorte para a casa ou para os negócios. Se um homem usar um talismã em forma de chifre no pescoço ou carregá-lo no bolso, acredita-se que isso aumentará seu apelo sexual e sua virilidade, além de protegê-lo contra pragas eventualmente dirigidas a sua masculinidade. Existe uma enorme variedade de amuletos em forma de chifre, até mesmo uma versão parecida com um chifre de antílope e outra, vermelha como uma pimenta-malagueta, chamada de chili. Homem ou mulher, se você precisa de proteção contra mau-olhado e não estiver usando um talismã em formato de chifre, deve fazer o sinal do chifre (mano cornuto) esticando o dedo mínimo e o indicador enquanto dobra os outros dedos sobre a palma da mão. Esse gesto isola o mal e o devolve à origem, além de afastar a má sorte.

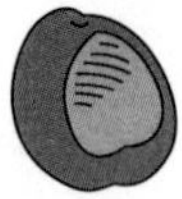

CASTANHA-DA-ÍNDIA

POR QUE TRAZ SORTE

Supõe-se que, desde tempos remotos, essas castanhas eram dadas aos cavalos como alimentação e também medicamento. Elas são, nos Estados Unidos, comumente chamadas de "olhos-de-gamo" pela semelhança que apresentam com os olhos desse animal. Não é fácil determinar por que a castanha-da-índia está associada ao conceito de boa sorte. Muitas explicações sugerem que isso se relaciona à reputação de longevidade das árvores que produzem esses frutos. Por isso, as pessoas alimentavam com eles seus animais domésticos na esperança de que recebessem, assim, a mesma vitalidade. Mais tarde, essas castanhas foram consideradas portadoras de saúde e longevidade (e de boa sorte) também para os seres humanos que as levassem como amuletos ou tomassem o chá feito de suas flores.

COMO USAR

Mas tome cuidado: as castanhas-da-índia são venenosas se comidas cruas e só devem ser consumidas (por pessoas ou cavalos) depois de preparadas sob a supervisão de um perito no assunto. É menos arriscado, portanto, levá-las simplesmente no bolso (ou na bolsa) para atrair boa sorte.

FERRADURA

POR QUE TRAZ SORTE

A ferradura é o mais consagrado dos talismãs, e o motivo é simples: sua analogia com os cavalos, animais desde sempre considerados mágicos e ligados à boa sorte em quase todas as partes do mundo. As ferraduras eram originalmente feitas de ferro, metal que, segundo várias crenças, carrega grande poder de proteção graças a sua alta resistência ao fogo. Em alguns países, até mesmo os ferreiros eram vistos como detentores de habilidades místicas por causa do controle que sabiam exercer sobre esse elemento aparentemente sobrenatural. Acredita-se, por fim, que a forma de U (ou crescente) da ferradura tenha a capacidade de proteger contra o mal, pois se encontra em muitas estruturas sagradas existentes em todo o planeta, incluindo nas arcadas que enfeitam igrejas, templos e mesquitas, assim como na disposição das rochas de Stonehenge.

COMO USAR

Uma ferradura atrairá mais sorte se for encontrada por acaso, ainda com todos os cravos em seus lugares, a parte interna virada para cima e as pontas voltadas para você. Pendure-a sobre o batente da porta de entrada de sua casa – dentro ou fora, não importa. Pode também ser pendurada com as extremidades voltadas para cima ou para baixo, uma vez que não existe consenso sobre a melhor forma de atrair mais sorte. Com as pontas para cima, a ferradura reúne e armazena toda a energia positiva que flutua em redor (e essa é a prática mais amplamente aceita). Se, porém, você a pendurar com as pontas voltadas para baixo, a boa sorte fluirá em volta de sua casa.

CORCUNDA

POR QUE TRAZ SORTE

Embora essa atitude hoje pareça extremamente inconveniente, a tradição nos conta que a visão de uma pessoa corcunda era considerada um sinal de boa sorte, sobretudo se fosse possível tocar ou esfregar as mãos na respectiva protuberância. Durante muito tempo vigorou a crença de que as pessoas portadoras de deformidades eram capazes de assustar os maus espíritos ou de neutralizá-los com gargalhadas estrepitosas. Reis e faraós costumavam manter perto de si "corcundas pessoais" com o propósito de afastar o mal e garantir boa sorte. E, uma vez que isso não era possível para os cidadãos comuns, disseminou-se o costume de tocar os corcundas em busca de melhor fortuna. Em razão da permanência de tal crença, alguns corcundas passaram a tirar proveito disso e faziam seu preço para permitir que os incautos esfregassem as mãos em suas costas. Conta-se que, em Paris, os especuladores do mercado de ações eram particularmente suscetíveis a essa superstição, e alguns chegam a afirmar que a palavra corcova deriva da associação entre boa sorte e corcunda. Os italianos são também conhecidos por sua crença no poder benéfico dos corcundas e dos amuletos (sempre na moda) chamados gobbos – como Lancelot Gobbo, personagem da peça *O mercador de Veneza*, de Shakespeare –, que representam miniaturas de corcundas.

COMO USAR

Nunca é recomendável a tentativa de tocar a corcunda de um estranho. Se você gostou dessa prática e quer adotá-la, compre um talismã em forma de corcunda, pois há muitos deles disponíveis no mercado.

JATUKHAM RAMATHEP

POR QUE TRAZ SORTE

Algumas vezes o frenesi provocado em torno de alguma coisa parece de fato desproporcional a suas qualidades inerentes. Esse, ao que tudo indica, é o caso do talismã Jatukham Ramathep, da Tailândia, pois a exaltação extrema que o cerca chega a tal ponto que já provocou ferimentos em dezenas de pessoas e a morte de uma mulher que foi pisoteada no interior de um templo enquanto tentava tocar um desses famosos amuletos. Criado originalmente em 1987 por um místico e um policial que alegava ter acesso a certos poderes divinos, o talismã representa a figura de Jatukham Ramathep sentado com o joelho direito erguido. Embora ninguém possa explicar por que essa figura é considerada tão auspiciosa, muitos acreditam que se trata da fusão de dois históricos príncipes tailandeses. Os primeiros talismãs tinham dimensões modestas e custavam o correspondente a 1 dólar e 25 centavos. Existem hoje, porém, mais de 400 versões diferentes, cujos preços variam de 10 dólares a 30 mil dólares. Um centro de pesquisas econômicas da Tailândia fez uma estimativa impressionante: a receita desses amuletos (que abrange publicação de livros sobre o assunto, publicidade e merchandising) poderá atingir, neste ano, o valor equivalente à metade da soma das exportações do maior produto do país – o arroz.

COMO USAR

Adquira um desses talismãs se você quiser, mas será melhor fazê-lo via internet.

BATIDAS NA MADEIRA

POR QUE TRAZEM SORTE

Essa tradição remonta aos tempos pagãos, quando os povos acreditavam que os deuses habitavam o interior das árvores. O ato de tocar (na Grã-Bretanha) ou de bater na madeira era uma forma de agradecer e de assegurar o favor dos deuses. As pessoas também acreditavam que, se alguém desse muita ênfase a sua boa sorte, os maus espíritos ficariam invejosos dela e tentariam arrebatá-la. Conforme diz o velho provérbio: "Aquele que fala demais de sua felicidade invoca o pesar". Há duas teorias sobre o caráter de bom agouro das batidas na madeira: uma delas sugere que esse gesto espanta os maus espíritos ou impede que eles ouçam notícias da boa sorte da pessoa. A outra argumenta que as batidas reconhecem e invocam os bons espíritos, que recorrerão a seus poderes para preservar a boa sorte do indivíduo interessado.

COMO USAR

As batidas na madeira são amplamente utilizadas como medida preventiva e devem ser adotadas sempre que você falar sobre as coisas boas que espera para sua vida. Basta uma batida, mas alguns preferem bater três vezes por via das dúvidas. Superstições à parte, seus amigos ficarão menos entediados se você bater na madeira depois de contar algumas vantagens: uma pequena dose de humildade é sempre bem-vinda.

NÓS

POR QUE TRAZEM SORTE

Embora algumas experiências com determinados tipos de laçada sejam frustrantes, os nós são historicamente considerados fontes de boa sorte, proteção e adivinhação, enquanto antigas crenças sugerem que os desejos podem ser capturados e retidos por eles. Os jogadores e marinheiros costumam dar nós em suas roupas para atrair a boa fortuna e as mulheres os atam em fitas entrançadas nos cabelos das meninas para obter proteção. As crinas dos cavalos também recebem tranças e nós com a mesma finalidade (os maus espíritos ficam presos dentro deles). Há ainda a tradição de trabalhar alguns nós sob os buquês das noivas para atrair e manter a felicidade.

COMO USAR

Em certas ocasiões marcantes da vida, como nascimentos e mortes, é importante evitar nós (em roupas de cama e cordões de sapatos, por exemplo) para que eles não obstruam esses momentos de transição. Apesar da esquisitice do gesto, o noivo pode prevenir problemas indesejáveis na noite de núpcias percorrendo a nave da igreja com o cordão de um dos sapatos desatado.

A DEUSA DA FORTUNA

POR QUE ELA TRAZ SORTE

Há muitas senhoras que hoje em dia freqüentam os cassinos de Las Vegas, e todas querem encontrar a Deusa da Fortuna. Com mais de 2 mil anos de idade, a Fortuna (entre os antigos romanos) personificava a deusa original da sorte. Embora não tenha tido a felicidade de ser brindada com um grande festival inteiramente dedicado a ela, essa deusa era cultuada em inúmeros templos que se tornaram oráculos de imperadores e outras nobres figuras em busca de respostas. As sacerdotisas eram as portadoras dessas respostas, baseadas no lançamento de dados ou na leitura da sorte dos consulentes. São também inúmeras e variadas as representações da deusa em moedas e esculturas. Ela é quase sempre apresentada com uma cornucópia, símbolo da abundância, e algumas vezes com um leme ou uma roda – quando, com um simples toque de sua mão, dirige o destino dos mortais. Aparece também, com freqüência, vendada ou brincando com uma bola para demonstrar a natureza inconstante e a imprevisibilidade de suas benesses.

COMO RECORRER A ELA

Assim como todas as damas merecem, trate-a com respeito. Não espere que fique à disposição sempre que precisar dela, seja grato por suas aparições e nunca se esqueça de lhe dar crédito quando isso lhe for devido. Lembre-se, sobretudo, de um provérbio latino tão antigo quanto a deusa que diz: "Fortis fortuna adiuvat" ("A fortuna favorece os fortes").

MANEKI NEKO

POR QUE TRAZ SORTE

O maneki neko (gato que chama) é uma estatueta japonesa geralmente colocada em empresas, oficinas e casas para atrair boa sorte. O gatinho apresenta-se com uma das patas erguida, fato que provoca confusão nos Estados Unidos. Embora os norte-americanos chamem alguém com as costas da mão voltadas para fora, os japoneses fazem o mesmo gesto voltando a palma da mão para fora – e isso explica por que tantas pessoas, no Ocidente, pensam erroneamente que a estatueta está acenando, e não chamando. De qualquer maneira, a pata esquerda erguida serve para atrair mais clientes, enquanto a pata direita erguida atrai mais dinheiro. A maior parte dos gatinhos usa uma coleira com um pequeno sino e segura, com a outra pata, uma moeda ou um peixe de ouro. Estas estatuetas raramente são chamadas pelo nome, as primeiras maneki neko datam do século XVII.

COMO USAR

Decida o tipo de sorte que deseja e escolha o gato mais adequado para você. As versões tradicionais têm partes de tecido de algodão (vermelho, marrom e preto) e seguem o estilo mais popular. Apresentam ainda o negro, cuja propriedade é afastar o mal, além de ser considerado muito útil às mulheres que desejam livrar-se de admiradores indesejáveis, e o branco, símbolo da pureza. Há também variações modernas, douradas (mais dinheiro!) ou cor-de-rosa (mais amor!).

MASCOTES

POR QUE TRAZEM SORTE

Mascote pode ser qualquer coisa – um animal, um objeto, uma pessoa ou um desenho –, que se torna, então, o símbolo material da sorte de um time, de um negócio, de uma entidade política ou de outros grupos. A palavra mascote deriva do termo francês masco, que significa "feiticeira". Através da própria magia, a mascote tem o poder de afastar as bruxas e outros espíritos maléficos. Sua presença é registrada desde os tempos dos antigos egípcios, que tinham suas serpentes, do deus grego Zeus, que tinha sua águia, e dos chineses, que tinham seus dragões. Na condição de catalisadoras da sorte, as mascotes representam o ponto forte de qualquer tipo de equipe e, de acordo com a tradição, apenas falham quando seus donos se comportam mal.

COMO USAR

Escolha com sabedoria, pois uma vez comprometido com sua mascote será melhor manter-se fiel a ela. Após se decidir por determinado objeto (um bichinho de pelúcia que você tem desde a infância, por exemplo), guarde-o com cuidado, pois a perda da mascote pode ser prejudicial. Se você precisa de sorte em dose dupla, alise sua mascote ou dê até mesmo um beijo nela, não sem antes verificar se não há ninguém por perto.

MOJO

POR QUE TRAZ SORTE

A melhor descrição desse amuleto é: um pequeno saco de flanela vermelha cujo conteúdo se compõe de ossos, raízes e outros objetos simbólicos que ajudam a proteger seu dono ou atraem boa sorte. O mojo é, portanto, um dos mais tradicionais talismãs de boa sorte e conjuração e resulta da fusão, ocorrida nas comunidades de escravos do sul dos Estados Unidos, de práticas religiosas, mágicas e folclóricas de africanos, europeus e dos índios da América do Norte. Encontrar, obter e guardar um mojo era uma preocupação comum de namorados e jogadores. Há referências freqüentes a esses amuletos nos blues norte-americanos, como na canção de Blind Lemon Jefferson "Low Down Mojo Blues" e na de Preston Foster "I Got My Mojo Working". O termo mojo é hoje usado de modo mais livre para descrever aquela inefável qualidade que proporciona carisma sexual às pessoas.

COMO USAR

Esses amuletos podem ser criados para todas as ocasiões ou necessidades. É possível personalizá-los para atrair boa sorte no amor, no jogo, nos negócios, nas causas judiciais ou em qualquer outra coisa. Quando usar seu mojo, tenha o cuidado de mantê-lo oculto aos olhos alheios. Preso dentro de sua roupa com um alfinete ou pendurado em um invólucro especial, ele terá mais força e seus efeitos serão mais poderosos.

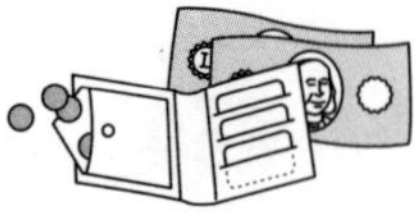

DINHEIRO

POR QUE TRAZ SORTE

É mais fácil entender a relação entre dinheiro e sorte por meio do conceito de "estréia", que tem suas raízes na crença de que tudo o que começa bem com certeza prosseguirá bem. Em outras palavras, o que começa com sorte continuará com sorte. Em conseqüência, o primeiro uso (ou a estréia) de algo é considerado de bom agouro e deve ser festejado. Reforçar a inauguração de qualquer coisa com um presente em dinheiro é como marcar sua "estréia", assegurando boa sorte desde o início. Essa relação entre a idéia de dinheiro e de sorte remonta às transações financeiras do século XIX, quando o vendedor dava dinheiro ao comprador, depois que este pagava por sua aquisição, "apenas para atrair boa sorte". A intenção era favorecer o sucesso das transações, assegurar a sorte dos que participavam delas e garantir bons resultados.

COMO USAR

Se você der a alguém uma bolsa ou uma carteira, deixe sempre algum dinheiro dentro dela, mesmo que seja apenas uma moeda, pois isso significa que jamais ficará vazia. Dê uma moeda de presente a uma pessoa querida para que ela possa prendê-la a uma peça de roupa nova (ou faça isso consigo mesmo), e o traje vai atrair boa sorte sempre que for usado. Se você fizer uma viagem marítima, lance uma moeda à água enquanto o navio desatraca para garantir uma travessia segura. As noivas devem pôr uma moeda no sapato no dia do casamento. Se os noivos, por sua vez, derem essa moeda a suas noivas, terão um casamento bem-sucedido.

COMUNICAÇÃO NÃO-VERBAL

Mesmo quando não falamos, nosso corpo transmite uma série de informações. Eis algumas sugestões que vale a pena observar:

CABELOS	O gesto de conservar uma mecha dos cabelos de seu bebê não apenas revela afeto como também vai protegê-lo contra graves ameaças. Os ruivos podem trazer boa sorte às pessoas que esfregam as mãos ou um par de dados em seus cabelos – mas não se esqueça de pedir permissão antes. Acredita-se que as pessoas cabeludas, embora isso não seja muito atraente, têm sorte. Evite cortar os cabelos na sexta-feira e no domingo, pois isso atrai má sorte.
OLHOS	Coloque um cílio caído nas costas da mão e sopre sobre ela enquanto pensa em um desejo. As contrações das pálpebras também são consideradas sinais de boa sorte, assim como o encontro com uma pessoa estrábica, sobretudo se for uma mulher.
ORELHAS	Orelhas grandes é sinal de boa sorte entre os japoneses, e, na China, o fato de ter os lóbulos das orelhas grandes também é de bom agouro.
NARIZ	Um só espirro ou três espirros consecutivos é sinal de má sorte, mas dois espirros atraem boa sorte. Se você e outra pessoa espirrarem ao mesmo tempo, isso significa que ambos serão afortunados. Os espirros devem sempre receber respostas verbais, tais como "saúde!" ou, como se dizia antigamente, "Deus te abençoe".

DENTES	Uma abertura entre os dentes da frente sugere que você terá boa sorte e prosperidade, além da oportunidade de viajar muito.
LÍNGUA	Na Inglaterra do século XIX, as pessoas que desejavam atrair boa sorte carregavam consigo a ponta da língua de um boi ou de uma vaca. Esse amuleto era conhecido pelo nome de "ponta da sorte".
MÃO	É consenso geral a preferência pelo uso da mão direita, e não da esquerda, embora o fato de encontrar um canhoto na rua seja sinal de boa sorte. Segurar ou esfregar as mãos de uma pessoa que acaba de atravessar um período afortunado é um gesto que pode passar a boa sorte para você.
DEDOS	O gesto de cruzar os dedos é um conhecido antídoto contra a má sorte. A presença de pequenas manchas brancas nas unhas é considerada bom sinal. Mas, assim como ocorre com os cabelos, não é recomendável cortar as unhas na sexta-feira nem no domingo.
PÉS	É sempre melhor entrar em qualquer lugar com o pé direito, pois isso dá sorte. As pessoas que nascem com um dedo a mais nos pés também são consideradas afortunadas.
CORAÇÃO	Embora em tempos antigos o fígado fosse considerado o órgão do amor, o uso de jóias em forma de coração é, atualmente, quase um talismã para aqueles que desejam boa sorte na vida amorosa. Além disso, as joalherias não vendem amuletos com formato de fígado.

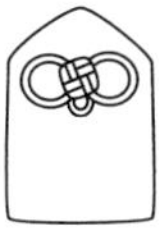

OMAMORI

POR QUE TRAZEM SORTE

A manhã de ano-novo é uma ocasião importante e a oportunidade perfeita para pensar seriamente no futuro. Essa data traz, no Japão, o início do Oshogatsu, período de três dias que sem dúvida representa o momento mais significativo do ciclo de ano-novo e uma chance fundamental de melhorar a sorte. Nessa época, os japoneses procuram seus templos e santuários, onde compram talismãs chamados omamori e com eles fazem suas preces pedindo um bom ano. Os omamori são pequenos amuletos feitos com pedaços de papel contidos, normalmente, em embalagens de papel ou tecido, quase sempre decoradas com sofisticação, que trazem inscrições cuja finalidade é proteger a pessoa da má sorte. Existem à venda muitos tipos de omamori, cada um deles adequado a determinado desejo ou voto de boa sorte, como sucesso em questões de finanças, amor ou estudos.

COMO USAR

Embora os omamori sejam mais procurados no ano-novo, você não precisa esperar para adquirir um deles, pois podem ser comprados e usados em qualquer ocasião. Esses talismãs evoluíram com o tempo, e agora são utilizados, até mesmo, para afastar o risco de acidentes de trânsito e quaisquer outros reveses. Apesar de muitos deles serem deixados nos templos como oferenda, também podem ser mantidos e pendurados em chaveiros, telefones celulares e até mesmo na coleira de seu animal de estimação.

PORCO

POR QUE TRAZ SORTE

O porco é um dos mais antigos símbolos de boa fortuna, e esse fato talvez tenha uma explicação muito simples: nas sociedades agrárias, a posse de um porco era quase sempre uma condição essencial para a sobrevivência econômica da família. Outrora considerados o bem mais valioso das famílias irlandesas, os talismãs que apresentam a figura de um porco ainda são populares na Irlanda, embora alguns recomendem quebrar uma pontinha de cada um deles para garantir a boa sorte. Entre os alemães, o porco e a boa fortuna são idéias inseparáveis. Para contar que experimentamos um momento de sorte em alemão, devemos dizer: "Schwein gehabt" ("Tive um porco"). Esse simpático animal é, para os chineses, um símbolo de honestidade e diligência, e a presença de uma ou mais estátuas de porco dentro de casa traz, segundo a tradição, felicidade, prosperidade e boa sorte.

COMO USAR

Compre um cofre porquinho para guardar seu dinheiro, pois ele não apenas vai protegê-lo como também vai atrair muito mais. Todo funcionário de recursos humanos deveria saber que uma estatueta de ouro com a figura de um porquinho na mesa do patrão assegura uma dedicada força de trabalho. Muitos acreditam que saudar a chegada do ano-novo com a inclusão de carne de porco no cardápio traz boa sorte, mas, se não estiver disposto a assar nenhum deles, você poderá comprar porquinhos de marzipã, de acordo com o costume germânico, e servi-los a seus convidados.

ALFINETES

POR QUE TRAZEM SORTE

Ao que parece, praticamente todos já ouviram a frase que diz "veja um alfinete e pegue-o para você, assim terá boa sorte o dia todo" ou alguma variação dela, pois há muitas. Embora essa frase só tenha surgido em meados do século XIX, desde o século XVII as pessoas já eram encorajadas a pegar os alfinetes que encontrassem. Eles estão historicamente associados à bruxaria (lembre-se dos bonecos usados nos rituais de magia negra) e, como objetos capazes de ferir e fazer verter sangue, eram considerados perigosos. Embora tais associações tenham ampliado a lista de proibições relativas a eles, a insistência para recolhê-los quando os achamos se deve provavelmente a um velho provérbio: "Aquele que não dá valor a um alfinete nunca valerá uma libra". Uma reflexão simples sobre valores sociais baseados na economia e na virtude da parcimônia.

COMO USAR

A mensagem é: se achar um alfinete, pegue-o. Ao que tudo indica, é melhor que a cabeça do alfinete encontrado esteja voltada para você. Nunca empreste nem dê alfinetes para um amigo porque isso prejudicará o relacionamento de vocês. Se uma pessoa cometer o erro de lhe dar alfinetes, não agradeça e, em troca, dê a ela uma moeda para espantar o mau agouro. Os alfinetes, como as moedas, podem ser lançados na água de fontes e poços para atrair boa sorte, sobretudo se você estiver em busca de um(a) companheiro(a). E, por fim, se tirar um alfinete de um vestido de noiva, você terá boas chances de se casar também.

PÉ DE COELHO

POR QUE TRAZ SORTE

É preciso, em primeiro lugar, esclarecer uma coisa: há coelhos e há lebres, que não são iguais, embora a tradição sobre a boa sorte inerente ao pé de coelho tenha confundido os dois. Por nascer com os olhos abertos, as lebres há muito tempo são consideradas detentoras de grande poder de proteção (a terceira visão, por exemplo). Já os coelhos, que nascem cegos e sem pelagem, sempre foram admirados pela capacidade reprodutora. Suas patas traseiras, extremamente ativas, também impressionam. Não passou despercebido o fato de que as patas traseiras dos coelhos tocam o solo antes das patas dianteiras quando correm. Da mesma forma, são esses fortes pés que eles usam para cavar suas tocas. Em conseqüência dessas observações, aos pés traseiros dos coelhos é que se atribuem tantos poderes de atrair sorte.

COMO USAR

Se você pretende carregar consigo um pé de coelho, esse talismã terá mais eficácia se for feito com a pata traseira esquerda do animal (embora não façamos idéia de como seria possível verificar a veracidade desse detalhe). Algumas tradições sugerem que, além disso, o pé precisa pertencer a um coelho abatido, durante a lua cheia, por uma pessoa estrábica. Pata dianteira ou traseira, caçadores de coelhos estrábicos ou não, o amuleto deve sempre estar em seu bolso esquerdo.*

---

* As pessoas devem adquirir símbolos que representam o pé de coelho, e não comprar amuletos feitos com pé de coelho de verdade. (N.E.)

"COELHOS, COELHOS, COELHOS"

POR QUE TRAZEM SORTE

Lebres e coelhos sempre foram associados à sorte, e muitos acreditam que o simples fato de dizer "coelhos, coelhos, coelhos" na primeira manhã de cada mês vai proporcionar quatro semanas de boa fortuna e, de modo mais imediato, um presente. Existem variações dessa crença, pois há quem prefira dizer "coelhos brancos, coelhos brancos, coelhos brancos" ou "lebres, lebres, lebres".

COMO USAR

Escolha sua versão preferida, aquela que lhe parecer mais natural, e repita-a na manhã do primeiro dia de cada mês antes de dizer qualquer outra coisa. Para atrair ainda mais sorte, segundo alguns acreditam, gire três vezes em torno de si mesmo enquanto pronuncia as palavras escolhidas (caso não sofra de tonturas). Cuidado para não se confundir e dizer, por engano, "coelho preto, coelho preto, coelho preto", pois isso, sem dúvida, lhe trará má sorte.

LINHA VERMELHA

POR QUE TRAZ SORTE

Algumas vezes certos objetos são considerados de bom agouro simplesmente por causa da crença de que têm o poder de evitar infortúnios. Esse é, pelo menos em parte, o caso da linha vermelha, há muito conhecida por sua capacidade de afastar os maus espíritos. Acredita-se que o vermelho, associado à força, à paixão e à vitalidade, possui o valioso poder de nos proteger de feitiçarias e de outros malefícios, e os fios são um meio prático de ligar essa cor benéfica a tudo o que necessita de força e resistência. Os chineses também acreditam que uma linha vermelha atada aos objetos pode animá-los com o chi, energia vital benfazeja, e a prática ancestral do feng shui confia plenamente na disposição exata e harmoniosa da linha vermelha no ambiente para facilitar o fluxo dessa energia vital.

COMO USAR

Acredita-se que as crianças se beneficiem do uso de uma linha ou fita vermelha, assim como os animais domésticos, sobretudo o gado. Para dar sorte a uma criança, amarre fitas vermelhas em seu berço ou em seu carrinho ou trance-as em seus cabelos. Se quiser proteger um animal, prenda uma linha vermelha em seu chifre ou em sua cauda. As linhas vermelhas também podem ser usadas para atrair boa sorte durante o jogo ou levadas no interior de um carro novo.

O NÚMERO SETE

POR QUE TRAZ SORTE

Embora os números ímpares sejam, de modo geral, considerados de mais sorte que os pares, o número sete destaca-se particularmente como símbolo de boa sorte a qualquer coisa a ele associada. Desde a antiga Babilônia o número sete tem significação especial. Os gregos clássicos o consideravam "perfeito" e os japoneses têm sete deuses da sorte. Além disso, revela-se um algarismo essencial ao longo de toda a *Bíblia* e também no misticismo judaico. Há sete graças, sete paraísos, sete mares, sete idades do homem – e a lista é ainda mais extensa. Desde o século XIII, acreditava-se que o sétimo filho nascia com o dom da clarividência e tinha poderes curativos. No jogo de dados, por fim, o sete é o melhor resultado que se pode conseguir.**

COMO USAR

Experimente aplicar o poder do número sete a qualquer aspecto de sua vida e com certeza terá boa sorte: das coisas que você adquire até a data em que planeja realizar um evento ou ao número da camisa que escolher, se fizer parte de alguma equipe esportiva.

---

* Isso é verdade pelo menos no primeiro lance, mas não vale se você já tiver conseguido nove, por exemplo, que se torna então seu melhor resultado. Nesse caso, é preciso obter outro nove antes de um novo sete ou você perderá. No jogo de dados o número sete, na verdade, nem sempre significa boa sorte.

SAPATOS

POR QUE TRAZEM SORTE

Existem inúmeras superstições relativas a sapatos, mas talvez a mais conhecida de todas seja a crença de que, por mais estranho que pareça, se atirarmos um sapato velho em uma pessoa, ela terá boa sorte, sobretudo se estiver de partida para uma viagem ou no final de uma cerimônia de casamento. Embora não haja consenso sobre a origem nem a eficácia dessa tradição, os sapatos velhos sempre foram considerados símbolos importantes (principalmente com relação a transações financeiras) em todas as culturas, dos antigos assírios aos anglo-saxões. Alguns sugerem que o lançamento de um sapato nas cerimônias de casamento representa uma transferência de posse e de poder, mas não há muitas evidências que sustentem essa hipótese. É mais razoável a crença de que os sapatos são talismãs, e os casamentos, uma boa oportunidade de tirar proveito disso.

COMO USAR

Preste atenção: a tradição manda atirar um sapato na direção de alguém, e não sobre alguém. E isso tampouco significa que pares de sapatos velhos devem ser lançados sobre os noivos, como se fossem grãos de arroz, no final das cerimônias de casamento. É muito mais seguro, portanto, amarrar os sapatos na traseira do carro dos noivos, outra antiga tradição. Existe também a crença de que não se recomenda dar sapatos como presente de Natal nem queimá-los e muito menos colocá-los sobre a mesa, pois tais atitudes trazem má sorte.

ARANHAS

POR QUE TRAZEM SORTE

Apesar de todo o medo que provocam, as aranhas são, há muito tempo, consideradas mensageiras de boa sorte, e a presença de uma delas em sua casa ou mesmo em você é um fato de boa sorte. As aranhas muito pequenas, como as papa-moscas, têm a reputação de atrair riqueza para as pessoas em que "aterrissam", sobretudo se vierem do teto (esse efeito será ampliado se forem vermelhas). Uma aranha encontrada na roupa significa que a pessoa logo receberá um novo enxoval. Embora alguns expliquem que a relação entre as aranhas e a sorte remonta aos mitos gerados durante os primeiros tempos do cristianismo, outros acreditam que essa criatura talentosa e cheia de recursos é, lendas à parte, apenas uma valiosa condutora da boa fortuna. Entre os motivos pelos quais são úteis ao homem, destaca-se o fato de que, dentro de uma casa, as aranhas matam muitos outros insetos mais perniciosos do que elas próprias.

COMO USAR

Embora muitos acreditem ser suficiente apenas localizar uma aranha dentro de casa, outros afirmam ser melhor guardar o inseto no bolso, lançá-lo sobre o ombro esquerdo ou comê-lo (inteiro). O problema é que o ato de matar uma aranha atrai muita, mas muita má sorte mesmo. "Se quiser viver e prosperar respeite a vida das aranhas", diz um velho provérbio. A sorte favorece apenas aqueles que vivem e deixam viver. O melhor, portanto, é deixá-las em paz.

CUSPIDAS

POR QUE TRAZEM SORTE

Embora nos tenham ensinado que isso é sinal de falta de educação, as cuspidas, há muito tempo, estão associadas à boa sorte e à proteção, além de ser uma forma de reforçar algum juramento ou praga. A tradição sugere que uma cuspida representa uma pequena porção da alma, a qual é empregada na busca do favor dos deuses. Os gregos antigos eram conhecidos pelo costume de cuspir nas próprias mãos para atrair boa sorte no jogo. Os pescadores cospem em suas redes antes de lançá-las na água e os boxeadores cospem nos pulsos ou nas luvas antes de uma luta. Embora haja razões práticas para cuspir nas mãos antes de empunhar uma ferramenta, a tradição ensina que esse gesto também traz outros benefícios além de boa sorte.

COMO USAR

Não há nada (ou quase nada) que não melhore com uma pequena cuspida. Você pode cuspir no dinheiro "para dar sorte", nos dados para atrair o melhor lance, nas mãos (antes de apertar a mão de outra pessoa) para selar um acordo ou num bilhete de loteria. As cuspidas são ainda um excelente antídoto contra os maus espíritos e as ações maléficas. Muna-se de uma boa dose de saliva para cuspir depois de passar debaixo de uma escada, para isolar o mau-olhado, ou quando um gato preto cruzar o seu caminho. Embora exija boa coordenação e não deva ser feita contra o vento, uma boa cuspida sobre o ombro esquerdo é outra forma de isolar e transformar a má sorte.*

* Seria bom que ninguém visse, caso contrário a pessoa pode ser vista como um "caso perdido". (N.E.)

TATUAGENS

POR QUE TRAZEM SORTE

A descoberta, em 1991, de um homem congelado e tatuado na fronteira entre a Itália e a Áustria sugere que o ser humano conhece as técnicas de tatuagem há pelo menos 5.200 anos. Muitos povos antigos, egípcios, gregos, romanos, índios americanos ou polinésios, praticavam essa forma de adorno corporal usando técnicas, desenhos, cores e aplicações bastante variados. Os motivos dessa prática parecem tão diversos quanto os atuais, e as razões de tal variedade abrangem desde a simples decoração da pele até a identificação social ou a intenção de atrair boa sorte. Os marinheiros e os mineiros de carvão, em razão da natureza perigosa de seu trabalho, sempre acreditaram que as tatuagens tinham o poder de protegê-los e por isso escolhiam com freqüência figuras de âncoras ou de lanternas. Os tatuados modernos, que exercem inúmeras profissões cujo único risco é o tédio, adotam todos os tipos de desenho – de amuletos tradicionais, como ferraduras e trevos de quatro folhas, a opções mais específicas e personalizadas. Alguns até se arriscam e desafiam a má sorte escolhendo estampas como gatos pretos ou o número treze.

COMO USAR

Se quiser, faça uma tatuagem! Lembre-se apenas de que, se uma delas infeccionar, isso não lhe trará boa sorte, qualquer que seja o desenho escolhido. Tenha, portanto, o cuidado de procurar um profissional qualificado que trabalhe em um estúdio limpo e seguro. Pense bem e escolha um motivo que seja (e continue a ser mesmo após muito tempo) significativo para você, pois geralmente as tatuagens, afinal de contas, nos acompanham durante toda a vida.

TIKI

POR QUE TRAZ SORTE

Nós, ocidentais, pouco sabemos sobre os tikis, ídolos funerários cultuados pelos povos que habitam as ilhas do Oceano Pacífico. De acordo com a mitologia polinésia, Tiki era o nome do primeiro homem a habitar a Terra, e os tikis, mais adequadamente chamados de hei-tikis (hei significa "ornamento para o pescoço"), eram esculturas feitas e usadas pelos maoris, povo nativo da Nova Zelândia. Os tikis, tradicionalmente escavados em pedras sólidas de coloração verde, são figuras agachadas de cabeças enormes, quase sempre voltadas para o lado. Embora não se conheça a intenção original dos maoris ao fazer seus hei-tikis, essas imagens são, hoje, usadas para atrair boa sorte e proteção.

COMO USAR

Compre um desses amuletos, use-o, mas tenha o cuidado de verificar se a estatueta não foi retirada de algum sítio arqueológico.

A FIGURA MAIS ALTA

POR QUE TRAZ SORTE

O elemento mais alto de um edifício recém-construído (ou a figura que representa seu cume) é também o toque final, geralmente colocado sobre uma viga ou um marco de metal ou de pedra. Depois de bem fixado, segundo um costume difundido principalmente nos países do Hemisfério Norte, esse elemento recebe um pequeno pinheiro que simboliza a conclusão segura da obra e uma promessa de boa sorte para os futuros moradores. As primeiras referências a essa tradição datam, aproximadamente, do ano 700 da era cristã, na Escandinávia, onde, segundo a lenda, as estruturas, depois de construídas, recebiam um punhado de grãos destinados ao cavalo do deus nórdico Odin. Esse poderoso deus ficou tão satisfeito com o carinho dedicado a seu corcel que recompensou os construtores e todos os futuros habitantes de cada edifício com o dom da boa sorte. Os povos escandinavos difundiram essa tradição pela Europa, sempre adaptada ao tipo de vegetação mais comum em cada região. São similares às antigas cerimônias realizadas em torno do lançamento da pedra fundamental dos edifícios, embora envolvessem com freqüência o sacrifício de vidas humanas. Árvores e pinheiros, hoje em dia, foram substituídos por bandeiras, e os antigos rituais de lançamento de pedras fundamentais e de inauguração transformaram-se no singelo ato de cortar fitas largas e coloridas, que representam a forma de ostentação escolhida nestes tempos modernos.

COMO USAR

A cerimônia do retoque final é adequada a qualquer estrutura recém-construída, incluindo casas e casinhas de cachorro. Se você, portanto, concluiu uma obra ou um novo projeto, não se esqueça de garantir a boa sorte afixando em seu cume alguma vegetação de sua região.

ROUPA ÍNTIMA

POR QUE TRAZ SORTE

A preocupação dos homens com relação às peças íntimas que as mulheres usam sob suas vestes não é um fenômeno apenas sexual e atual. Desde meados do século XIX, a visão de um pedaço de roupa íntima que furtivamente aparecia sob os trajes mais pesados era considerada um sinal de boa sorte. Apesar disso, se alguém se esquecesse de arrumar corretamente botões, fivelas, cadarços, babados, laços ou colchetes, o dia, com certeza, não seria dos melhores. A visão de um pedaço da anágua de uma mulher sob a roupa era uma indicação de que seu pai a amava mais que sua mãe. E uma liga solta (ou qualquer outra peça íntima que escorregasse) era um sinal seguro de que o namorado estava pensando nela.

COMO USAR

Embora a maioria das crenças indique que os erros acidentais não são de bom agouro, o fato de vestir, por engano, uma peça íntima pelo avesso constitui uma exceção a essa regra. Se isso acontecer com você, em vez de retirar a peça, fique o dia inteiro com ela para atrair boa sorte. Se você atravessa um mau dia, vire do avesso uma peça íntima que já esteja usando – isso deve melhorar as coisas. Uma boa idéia é usar roupas íntimas vermelhas durante um jogo de cartas, uma viagem aérea ou em qualquer outra ocasião em que precisar de muita sorte.

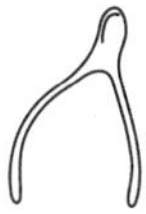

O OSSO DA SORTE

POR QUE TRAZ SORTE

Antigamente, antes da invenção dos artefatos eletrônicos, as pessoas confiavam no canto dos galos, que anunciava um novo dia, e no cacarejo das galinhas, que alardeava a existência de ovos recém-botados no galinheiro. Em conseqüência, essas duas aves ganharam a reputação de que são capazes de predizer o futuro, daí a origem da crença no oráculo dos galináceos. Oráculo? Sim, isso mesmo. Essa tradição chegou até nós como herança dos antigos romanos (que por sua vez a assimilaram dos etruscos) quando eles conquistaram a Grã-Bretanha. Nos tempos antigos, as galinhas eram mortas para que os adivinhos pudessem interpretar suas entranhas. Depois disso, o osso do peito (chamado também de “osso da sorte”) era removido e posto para secar enquanto a pessoa que buscava suas respostas expressava um desejo. Mais tarde, dois outros indivíduos também faziam seus pedidos e seguravam o osso, já seco, puxando-o pelas extremidades. Aquele que ficasse com a parte maior do osso quebrado seria atendido em seu desejo.

COMO USAR

Assim como faziam os romanos, remova o osso do peito de uma galinha ou de um peru, limpe-o e ponha-o para secar, não sem antes ter o cuidado de deixá-lo fora do alcance de crianças, gatos e cachorros. Quando o osso estiver seco, convide um amigo, faça um pedido e puxe!

2
AMBIENTES PARA ATRAIR BOA SORTE

Todas as culturas do mundo têm conselhos a dar quando se trata da criação de espaços que atraem boa sorte dentro de casa. Os chineses trabalham nisso há tanto tempo (há mais de 4 mil anos) que seu conhecimento se transformou quase em uma ciência – chamada *feng shui* –, a qual se tornou um próspero setor de atividade. Essa arte, em resumo, baseia-se na crença de que todo ambiente pode ser aprimorado graças à canalização adequada da energia positiva conhecida como *chi.* Se essa energia vital fluir bem, o mesmo ocorrerá com a boa sorte, embora não se recomende nenhum tipo de exagero que provoque o desequilíbrio de tais forças. O ideal, como sempre, está na adoção harmônica dos princípios de várias culturas para gerar um ambiente bem equilibrado. Afinal de contas, a diversidade não é apenas o tempero da vida como também a melhor maneira de ampliar a boa fortuna.

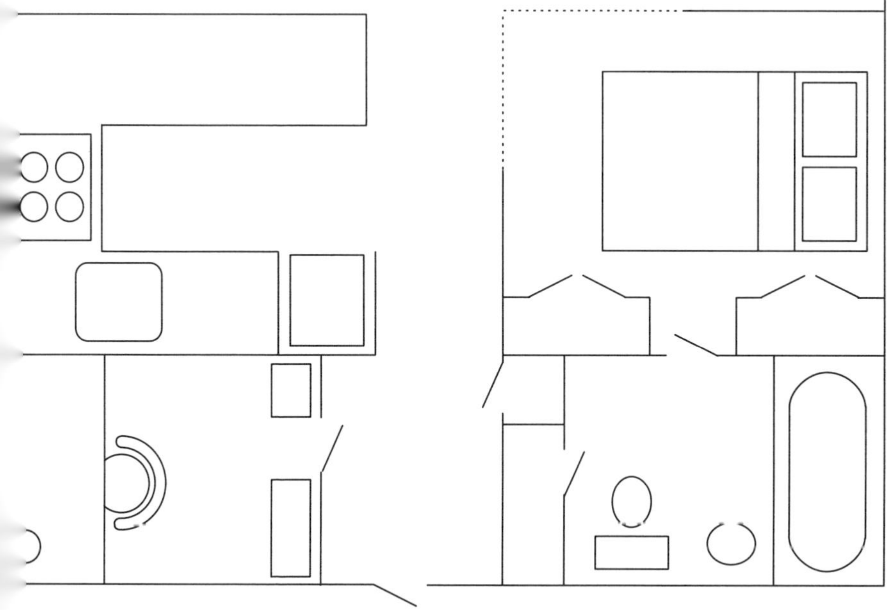

A PORTA DA FRENTE

Este não apenas é o ponto através do qual as pessoas entram na casa como também a passagem que se abre para a sorte (boa ou má).

....

REGRAS CASEIRAS PARA DAR BOAS-VINDAS À SORTE

Qualquer pessoa lhe dirá que uma ferradura pendurada sobre a porta da frente traz boa sorte. Mas e se você não quiser que sua casa lembre um estábulo? Em vez disso, pendure perto da porta uma pedra perfurada bem no meio. Acredita-se que pedras desse tipo repelem mau-olhado e qualquer outra vibração negativa ou de má sorte.

Caso não aprecie pedras pendentes, pinte no batente da porta um intrincado desenho de linhas ininterruptas para impedir a entrada do azar e permitir o avanço da boa sorte.

Recomenda-se que as pessoas entrem em casa pela porta da frente, pois do contrário podem atrair problemas. Isso vale particularmente para uma noiva que entra pela primeira vez no novo lar. Para reforçar a sorte, o noivo deve carregá-la através da porta.

Os adeptos mais fervorosos dessa regra não abrem mão dela nem mesmo quando estão sem a chave. Nesse caso, se for preciso passar por uma das janelas (sem necessidade de quebrá-la, esperamos), você deve, uma vez no interior da casa, destrancar a porta, sair de novo pela mesma janela e entrar, enfim, pela porta da frente.

Se você receber visitas, procure fazer com que entrem e saiam apenas pela porta da frente. Se entrarem por essa porta, mas saírem por outra, os visitantes poderão levar inadvertidamente consigo a boa sorte da casa.

....

RECURSOS CASEIROS

Bata várias vezes a porta ao fechá-la (como se faz na Europa Central) para enganar qualquer tipo de má sorte que tente infiltrar-se em sua casa.
As pessoas que retornam de um funeral devem entrar em casa por uma porta diferente daquela que usaram para sair (mesmo que seja preciso passar por uma janela).

As portas devem ficar abertas durante o nascimento de uma criança para atrair boa sorte e facilitar o parto. É também recomendável manter ocupado o nervoso futuro papai.

Se a má sorte invadir sua casa e você considerar necessária uma intervenção mais drástica, inverta o sentido das portas ou troque a posição delas, criando novas entradas para confundir eventuais agentes do infortúnio.

A SALA DE ESTAR

Já vai longe o tempo dos estofados protegidos por capas de plástico, das poltronas proibidas para crianças e dos carpetes felpudos que era preciso afofar sempre que alguém atravessava o recinto. A sala de estar, hoje em dia, superou os demais ambientes domésticos e se tornou o espaço mais popular da casa. É lá que relaxamos, ficamos à vontade, nos divertimos e até cochilamos, por isso a decoração deve proporcionar boa sorte.

REGRAS CASEIRAS PARA DAR SORTE À SALA DE ESTAR

(1) Os assentos devem estar distribuídos de tal maneira que todos possam ver a entrada do living sem necessidade de se contorcer como artistas de circo. Isso proporciona uma sensação de segurança, o que, por sua vez, favorece a boa sorte. (2) Se não for possível dispor os assentos de modo que todos estejam voltados para a entrada, evite pelo menos colocá-los de costas para a porta. (3) A desordem e os móveis sobrecarregados de coisas afastam a boa sorte. Segundo as regras de feng shui, isso bloqueia o fluxo do chi. Menos significa mais nas questões relativas à fortuna, portanto evite congestionar o ambiente com excesso de mobília e, a menos que a sala seja pequena, não encoste nada contra as paredes para facilitar o fluxo dos bons augúrios. (4) A mesa de centro é mais do que um bom lugar para apoiar os pés. Ela constitui um símbolo doméstico de saúde e bem-estar e deve ficar sempre limpa e arrumada para ampliar a boa sorte. (5) Não mantenha equipamentos esportivos nem móveis de escritório na sala de estar, pois esses objetos atraem energia de trabalho inadequada para um local que deveria ser apenas de lazer. (6) O ponto de convergência ideal do living, pelo menos nos países de clima frio, seria a lareira, e a mobília deveria ser arranjada em torno dela.

Nas regiões tropicais e temperadas, porém, o centro da sala de estar se torna, quase sempre, o televisor, o que exige bastante criatividade se quisermos cumprir a regra de voltar todos os assentos para a entrada do cômodo. (7) As penas (e até mesmo as ilustrações) de pavão são muito ruins para a casa. O "olho espião" das penas dessa ave tem um efeito de mau-olhado e invade a privacidade dos moradores. (8) Para trazer boa sorte e harmonia a sua casa, coloque pedras semipreciosas em seu vaso preferido. Afinal de contas, a palavra "vaso", em chinês, é ping e também significa "paz".

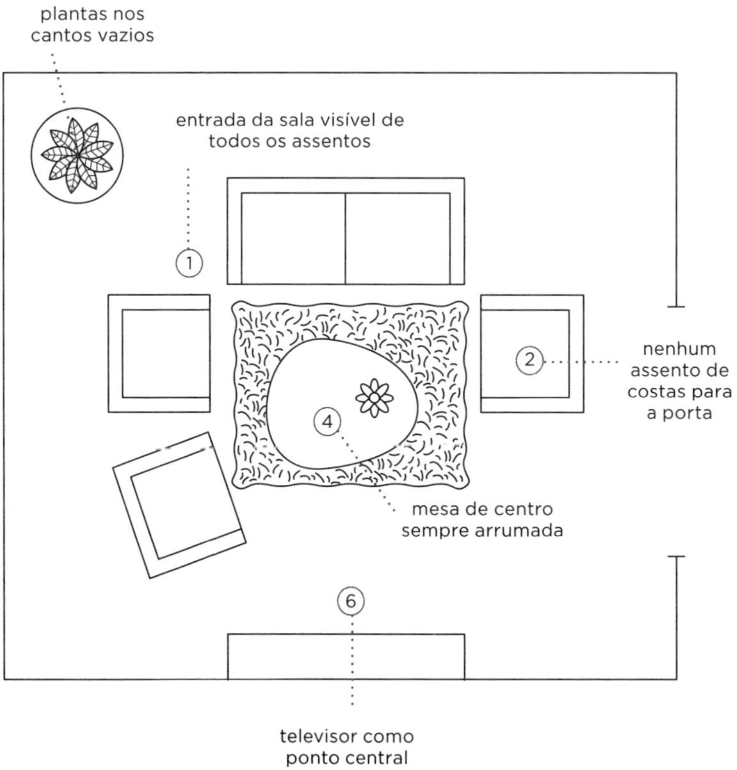

RECURSOS CASEIROS

Cantos esquecidos e áreas escuras permitem o acúmulo de energia negativa, que se torna prejudicial. A presença de lâmpadas, espelhos ou plantas nesses locais corrige o problema, atraindo energia chi e boa sorte.

A colocação estratégica de espelhos, pouco dispendiosa e de fácil execução, duplica o tamanho do ambiente e a boa sorte nele contida. Os espelhos também iluminam os cantos escuros e refletem a entrada do cômodo nas áreas em que a porta não pode ser vista.

Evite quadros e outras peças de decoração que reproduzam cenas de violência ou tristeza em sua sala de estar. Os objetos existentes nesse espaço devem retratar símbolos de prosperidade e harmonia.

A presença de flores e plantas no living atrai e favorece a boa sorte, mas apenas se estiverem saudáveis e viçosas. Cuide bem delas, portanto!
Se você gostar de aquários e dispuser de tempo para eles, saiba que são um meio eficaz de promover boa fortuna para a casa se estiverem limpos, bem iluminados e cheios de belos peixinhos coloridos.

OBJETOS QUE TRAZEM SORTE PARA A CASA

Fruto do carvalho	Uma bolota de carvalho colocada no parapeito da janela manterá raios e relâmpagos bem longe (embora isso talvez não seja necessário quando você estiver dormindo porque muitos acreditam que os raios jamais atingem uma pessoa durante o sono).
Dragão	O dragão é um símbolo de autoridade, e sua presença no escritório doméstico poderá proporcionar-lhe liderança e poder – seja você o presidente de uma grande empresa ou simplesmente o chefe da casa e da família.
Elefante	Os elefantes são considerados mensageiros da fortuna em várias regiões do planeta, por isso coloque no *hall* de entrada uma estatueta desse animal voltada para dentro ou deixe-a até mesmo do lado externo da porta para dar as boas-vindas à sorte.
Ramo de sempre-vivas	Prenda um ramo de sempre-vivas nas vigas novas de sua casa. Isso trará energia positiva para a estrutura de toda a construção.
Ninho de passarinho	Um ninho vazio de qualquer pequeno pássaro trará boa sorte para toda a família se ficar pendurado em local bem alto dentro de casa.
Cavalo	Os cavalos simbolizam força e movimento. Se você, portanto, gosta de viajar (e quem não gosta?), mantenha em casa uma estatueta desse animal para ampliar suas chances de fazer belas e afortunadas viagens.

Jade	Valorizada não apenas pelos chineses como também pelos maias e maoris, essa pedra atrai prosperidade, saúde e sorte para a pessoa que a possui. É também uma pedra de grande força protetora, boa para afastar os ladrões de casa.
Buda sorridente	Esse alegre camarada é um símbolo de prosperidade, alegria e proliferação familiar. Nas casas budistas da China, essas estatuetas sempre ocupam lugar de destaque na sala de estar, de jantar ou em qualquer outro aposento onde a família se reúne.
Sapato velho	Na Itália medieval, as pessoas costumavam introduzir um pé de sapato velho em uma das paredes de uma casa ou de um novo cômodo em construção ou plantar flores em pés de botas velhas para garantir boa sorte. Lembre-se disso quando pensar em jogar fora aquele velho par de tênis.
Tartaruga	As tartarugas simbolizam longevidade e constância. Podem ser colocadas no quarto das pessoas idosas para atrair boa sorte. Se você, no entanto, tiver tarefas a cumprir, não deve deixá-las no escritório nem em outros locais de trabalho.
Guarda-chuva	Um guarda-chuva fechado simboliza proteção e se revela um ótimo talismã se for deixado perto da entrada principal da casa.
Sinos de vento	Pendure um em sua varanda ou no quintal para atrair boa sorte.

A SALA DE JANTAR

Esse aposento é, para alguns, o principal ponto de reunião da família. Para outros, porém, é um espaço pouco habitado usado apenas em ocasiões especiais, como festas de família ou jogos de cartas. Se você faz parte do segundo grupo, lembre-se: espaços descuidados não atraem boa sorte. Assim, mesmo que não freqüente muito sua sala de jantar, trate de mantê-la organizada, limpa e arejada.

(1) As regras de feng shui sugerem que a sala de jantar deve estar em nível mais alto que o living e não fique próxima de banheiros nem de quartos. O ideal seria ocupar o centro da casa. Lembre-se disso se sua nova residência estiver em fase de construção. (2) O maior destaque da sala de jantar é, sem dúvida, a mesa. Para que sua escolha seja favorável, prefira uma mesa grande o bastante para acomodar muita gente, muitos pratos e muita sorte. Segundo os chineses, as formas quadradas, retangulares e octogonais são afortunadas, mas é a mesa redonda que pode atrair melhor fortuna por ser o símbolo da continuidade, da prosperidade e do próprio ouro, pois as moedas também são circulares. (3) Para atrair o máximo das vibrações positivas, instale na sala de jantar um espelho bem grande que reflita toda a mesa. Isso duplicará os alimentos, a abundância, a riqueza e a boa sorte de sua família. (4) Decore as paredes com quadros que retratem alimentos fartos, frutos maduros ou vasos em flor para estimular o apetite de todos. (5) Embora alguns acreditem que um objeto quebrado apenas provoca a perda de outros dois objetos pelo mesmo motivo, muitos russos adotam a crença de que, se uma peça de vidro ou cerâmica se partir dentro de casa, isso é sinal de boa sorte. Quanto mais valioso o objeto, maior a sorte.

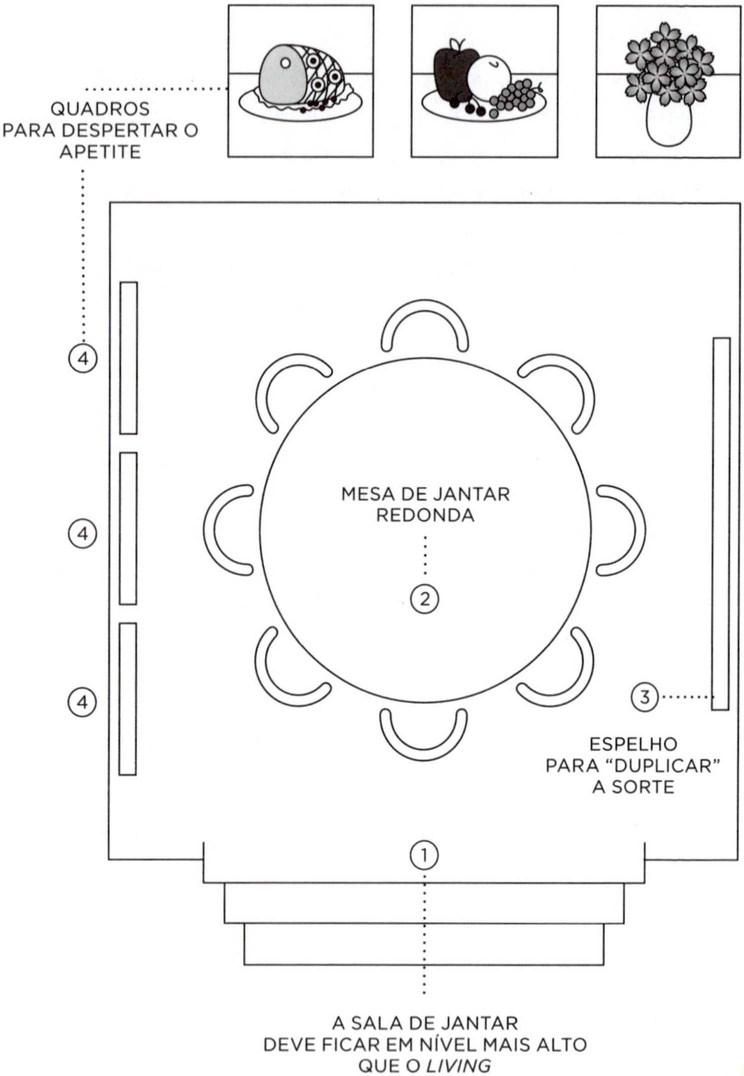
QUADROS
PARA DESPERTAR O
APETITE
4
4
4
MESA DE JANTAR
REDONDA
2
3
ESPELHO
PARA "DUPLICAR"
A SORTE
1
A SALA DE JANTAR
DEVE FICAR EM NÍVEL MAIS ALTO
QUE O *LIVING*

PRÁTICAS À MESA

(1) PESSOAS. Sete convidados à mesa de jantar formam um grupo afortunado, mas treze – naturalmente – é o pior número com relação à sorte. Por isso, evite sempre convidar treze pessoas para qualquer refeição. (2) BEBIDAS. Para atrair a sorte, deixe copos e bebidas na mesa para que os convidados se sirvam – não entregue os drinques diretamente nas mãos deles. (3) PÃO. Se houver oportunidade, saiba que rasgar o pão atrai mais sorte do que cortá-lo. Caso tenha de fazer isso, corte o pão apenas de um lado, por favor, se você quiser poupar grandes pesares. Se pegar o último pedaço de pão, esse gesto vai atrair má sorte, a menos que alguém o ofereça. Nesse caso, você terá muita sorte nas questões de amor e dinheiro. De qualquer modo, jamais vire um pão inteiro ao contrário sobre a mesa. (4) TALHERES. Há uma regra muito simples: se quiser manter a paz, evite cruzar os talheres no prato. Garfos e facas cruzados se transformam em ímãs de má sorte e discussões intermináveis, e isso não pode ocorrer em seus agradáveis jantares. Outra regra: nunca use uma faca para mexer as bebidas, pois isso causará indigestão na certa não apenas para você como também para a convidada que rilhar os próprios dentes enquanto observa o que está fazendo. (5) CANTOS DA MESA. Quando determinar os lugares à mesa, reserve o canto da má sorte a alguém que você não aprecie tanto. Se for, porém, esperto a ponto de não convidar pessoas das quais não gosta, dê esse lugar a um homem, e não a uma mulher solteira, pois isso poderia causar grande prejuízo à vida sentimental dela. Tais preocupações serão evitadas, sem dúvida, caso você tenha uma mesa redonda na sala de jantar. (6) GUARDANAPOS. Não dobre o seu no final da refeição – isso seria um sinal de que você jamais voltaria a jantar na casa. (7) LOUÇA. Para atrair boa sorte, as travessas e os pratos devem sempre ser passados em volta da mesa no sentido horário (segundo o movimento dos ponteiros do relógio).

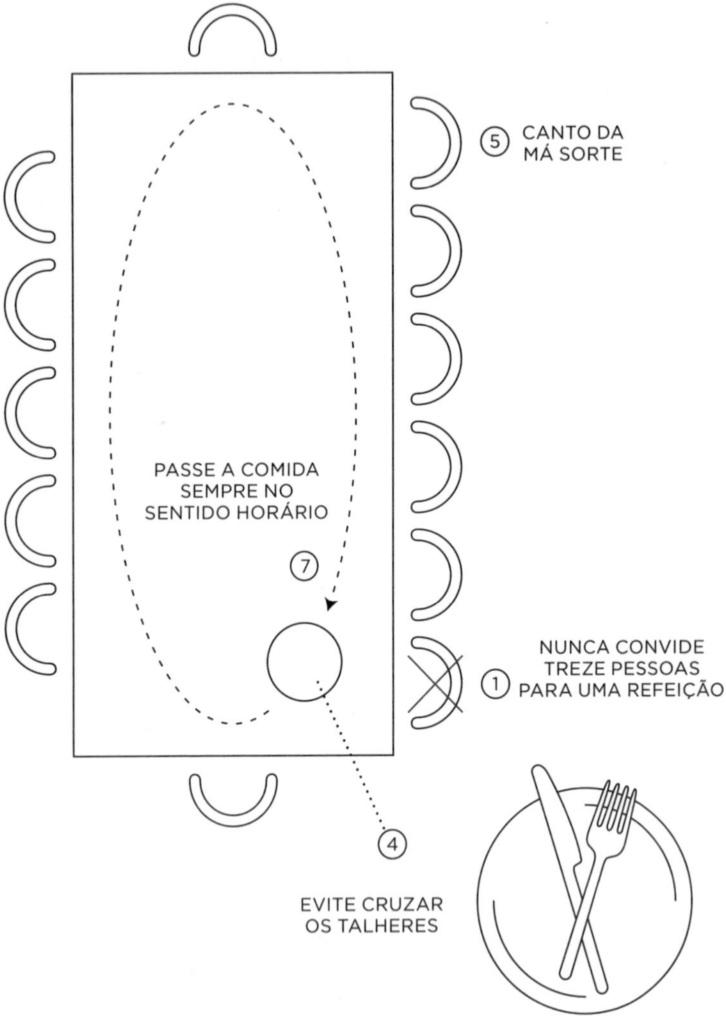

5
CANTO DA MÁ SORTE
PASSE A COMIDA SEMPRE NO SENTIDO HORÁRIO
7
NUNCA CONVIDE TREZE PESSOAS PARA UMA REFEIÇÃO
1
4
EVITE CRUZAR OS TALHERES

A COZINHA

Em muitas culturas, a cozinha é considerada o núcleo da casa em termos de boa sorte, e isso faz sentido se pensarmos um pouco: os alimentos são símbolos de saúde e prosperidade, pois quando há abundância de sorte e de dinheiro há também fartura de boa comida. A boa alimentação, por sua vez, propicia boa saúde. E é na cozinha que tudo isso acontece.

O fogão é a peça central da cozinha e deve estar sempre limpo, funcionando com perfeição, para que a boa sorte flua com liberdade. Os queimadores representam a força geradora de prosperidade de sua casa, portanto use-os regularmente. Dessa maneira, o fogão permanecerá em plena atividade como produtor de saúde e boa sorte.

A pessoa responsável pelo preparo das refeições está essencialmente ligada à geração da energia positiva da cozinha. Essa pessoa, no entanto, deve enxergar a entrada do aposento enquanto estiver cozinhando. Se isso não for possível, ponha um espelho atrás do fogão para que ela sempre possa ver quem sai e quem entra.

Quando aparadores e armários estão em ordem, livres do acúmulo de coisas, sempre se abre mais espaço na cozinha para o preparo e a boa disposição dos alimentos. Nem seria, portanto, necessário dizer: quanto mais comida você preparar na cozinha, mais fartura e boa sorte sua casa terá.

Há certas coisas que, se ocorrerem na cozinha, representam sinais evidentes de boa fortuna. Alguns exemplos são: bolhas que se formam em uma xícara de café, folhas de chá que bóiam na superfície do líquido, grãos de arroz que se juntam em forma de anel na borda da panela e um açucareiro revirado por acidente.

SORTE NA COZINHA

Para reforçar a sorte e a prosperidade, mantenha um galo na cozinha. Se não lhe agrada a idéia de levar algumas bicadas enquanto prepara as refeições, substitua o bicho por travessas e pegadores em forma de galo.

As facas devem ficar guardadas nas gavetas quando não estiverem em uso. Elas simbolizam acidentes e violência, portanto não é de bom agouro deixá-las à mostra.

A presença de plantas na cozinha favorece a formação da saudável energia chi e também ajuda a manter a limpeza do ar.

Quando você fizer assados, não deve descartar as sobras de massa crua, pois tal atitude traz má sorte. Em vez disso, aproveite-as para assar pequenos bolos ou tortas em fôrmas especiais para crianças. Isso vai diverti-las e atrair boa sorte.

Nunca deixe faltar sal em sua cozinha. Para garantir a boa sorte, mantenha pelo menos um pacotinho de sal guardado no fundo de uma prateleira da despensa. A propósito, há uma superstição de origem judaica que recomenda deixar sempre alguma comida no forno, uma vez que um forno vazio significa que o cozinheiro deixará faltar alimento para ser preparado dentro dele. Mas, como a presença de comida no forno poderá atrair alguns bichos indesejáveis, a opção de deixar ali uma fôrma ou qualquer outro utensílio de cozinha será suficiente.

O QUARTO

Você provavelmente passa mais tempo na cama
do que em qualquer outro local,
portanto esse móvel e a posição que ele ocupa
têm importância vital para a boa sorte de sua casa.

Em primeiro lugar, você precisa verificar se a cama está situada no ponto mais favorável do quarto. Para determinar esse ponto, siga as seguintes instruções: (1) Se quiser impedir que quaisquer vibrações de má sorte passem por você enquanto estiver dormindo, alinhe sua cama com o revestimento do piso e do teto do quarto, evitando deixá-la em posição perpendicular às tábuas do assoalho, por exemplo. (2) Você deve ver a porta do quarto quando estiver deitado. (3) A cama vai atrair mais sorte se estiver em posição diagonal à porta e o mais afastada possível dela. Essa lição foi talvez aprendida da maneira mais difícil pelo desafortunado homem das cavernas que decidiu dormir perto da entrada de sua "casa". (4) Observe a localização das janelas e evite dormir com a cabeça voltada nessa direção. As pessoas espertas não querem que sua boa sorte "escape pela janela" enquanto dormem. Se não puder evitar a proximidade, instale cortinas pesadas para impedir a fuga da sorte. (5) A presença forte de energias auspiciosas em torno de você é quase sempre muito positiva, mas talvez não se revele tão oportuna na hora de dormir. As vibrações da energia chi tendem a oscilar entre portas e janelas. Se você, portanto, não quiser ser apanhado em um túnel de vento constante enquanto dorme, evite colocar sua cama nessa posição. (6) Preste atenção no que existe debaixo de sua cama, pois o acúmulo de poeira e de objetos em desordem não atrai nem favorece a boa sorte. (7) Se você dorme com outra pessoa, observe a posição da cama em relação à parede mais próxima. Uma cama de casal apertada contra a parede, no canto do quarto, dá maior liberdade a um dos parceiros, enquanto o outro fica – simbólica e literalmente – preso contra a parede. Para que a boa sorte do relacionamento seja absoluta, a posição da cama deve deixar o mesmo espaço para os dois membros do casal. (8) A harmonia entre as mesinhas de cabeceira acrescenta estabilidade e proteção ao ambiente, e isso é bom para a sorte e também para o relacionamento. Quando escolher os móveis do quarto, evite que arestas pontiagudas (e sua energia negativa) apontem para sua cama. (9) Arrume sempre a cama de uma só vez se não quiser correr o risco de ter um dia difícil. O fato de três pessoas dormirem na mesma cama tampouco proporciona sorte – para não falar no desconforto que isso provoca.

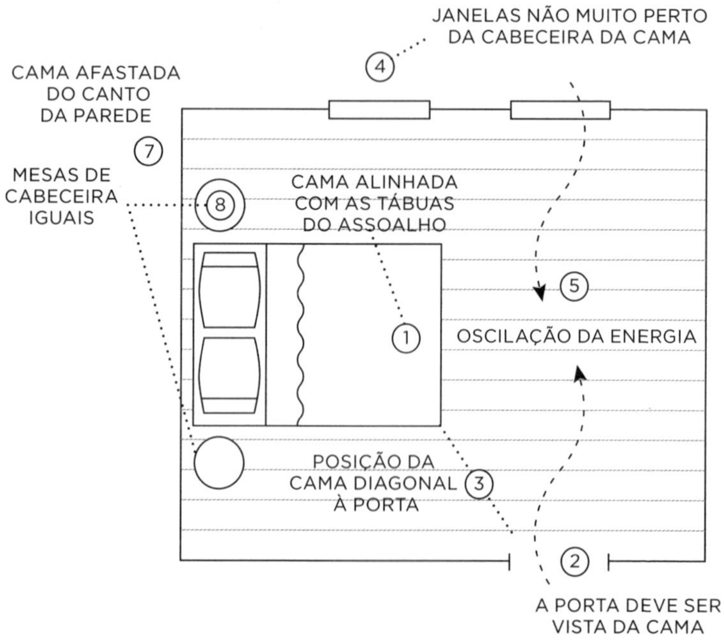

BONS SONHOS

Pendure um pedaço de coral sobre a cama. Esse talismã originário do mar, usado durante séculos pelos chineses para evitar a insanidade, tem a propriedade de afastar pesadelos e de atrair boa sorte enquanto você dorme.

DE QUE LADO, POR FAVOR?

Apesar da frase tão familiar que diz não ser bom "levantar do lado errado da cama", não parece haver consenso sobre o melhor lado de nosso leito. Alguns acreditam que não se deve entrar na cama por um lado e sair pelo outro, embora haja defensores da crença oposta. Os tradicionalistas estão convictos de que a pessoa deve sempre se levantar pelo lado direito, uma vez que o esquerdo é considerado "o lado do diabo" (que se sentava à esquerda do trono de Deus nos tempos em que ainda habitava o paraíso). Na ausência de diretrizes claras, você deve apenas observar atentamente para identificar o lado da cama que lhe proporciona maior bem-estar e permanecer nele para torná-lo "seu lado da sorte". E, já que tanta gente que mora em pequenos apartamentos não pode escolher o lado certo para se levantar, trate de calçar primeiro meias e sapatos no pé direito quando se vestir pela manhã para neutralizar a má sorte potencial.

SORTE NAS PAREDES

As imagens que cercam você no quarto podem exercer efeito poderoso sobre sua sorte. Evite quadros que representem conflitos, solidão, agressão ou trabalho árduo. Prefira imagens que lhe transmitam felicidade e motivação.

Para encher seu quarto de boa sorte no amor, escolha quadros que inspirem disposição romântica e coloque-os em dois pontos-chave: a parede oposta ao pé da cama (para onde olha quando está deitado) e o local que você vê primeiro ao entrar.

Para reforçar a boa sorte, instale seus quadros em posição perfeitamente horizontal e jamais pendure nenhum deles sobre a porta nem sobre a cama.

RECURSOS CASEIROS

Se você dorme em uma suíte, mantenha sempre fechados o tampo do vaso sanitário e a porta do banheiro para que a sorte não escape com a descarga nem com o vento.

Todos os objetos dispostos em pares (velas, almofadas decorativas e bibelôs, por exemplo) representam boa sorte para a vida amorosa.

Embora isso seja comum nos motéis, evite dormir diante de espelhos que reflitam sua imagem. Da mesma forma, não os coloque perto do pé da cama.

Uma iluminação suave é o ideal, por isso evite pendurar lâmpadas muito fortes diretamente sobre a cama.

Verifique sempre se toda a iluminação do quarto está em ordem, substitua as lâmpadas queimadas e evite os cantos escuros, que necessitam de mais energia positiva.

As plantas e as flores, embora recomendáveis na sala de estar, devem ficar fora do quarto de dormir.

Não pratique exercícios nem guarde equipamento esportivo no quarto se não quiser que suas relações amorosas lembrem aulas de ginástica.

Cuide para que a porta de seu quarto sempre se abra fácil e completamente. Portas que empenam, rangem ou se abrem com dificuldade por causa do excesso de coisas mantidas atrás delas bloqueiam a boa sorte romântica. Uma maçaneta frouxa também significa que você talvez tenha dificuldade de lidar com o aspecto amoroso de sua vida.

BOA ADMINISTRAÇÃO DOMÉSTICA

Faça a faxina geral de sua residência no início do verão. No Hemisfério Norte, essa tradição tem origem no costume difundido entre os judeus de preparar a casa para a Páscoa hebraica.

Vassouras, esfregões e outros equipamentos de limpeza devem ficar guardados e ocultos quando não estiverem em uso. Se permanecerem à mostra, poderão simbolicamente "varrer" a sorte para fora de casa ou, pior ainda, "limpar" toda a comida se forem deixados na sala de jantar.

Faça sua faxina no estilo dos maias limpando as portas, os batentes e as escadas de sua casa com uma vassoura previamente mergulhada em uma solução de manjericão. Basta, para isso, encher um recipiente de água e fazer uma infusão com algumas folhas da planta. Esse costume trará mais sorte se for repetido por nove dias consecutivos, a começar numa quinta ou sexta-feira.

Os lençóis do quarto de hóspedes só devem ser trocados pelo menos uma hora depois que o hóspede em questão deixar sua casa. Da mesma forma, nunca vire os lençóis de manhã cedo, do contrário a má sorte poderá ficar muito à vontade e se instalar neles durante um bom tempo.

SORTE NO JARDIM

Até mesmo o maior dos "dedos-verdes" sabe muito bem que é preciso ter sorte para cultivar um belo jardim e que uma fase de má sorte pode pôr a perder as melhores intenções.

Para conseguir rosas saudáveis, enterre um peixe morto na cova em que plantar a roseira.

Coloque algumas turmalinas no solo que rodeia suas plantas. Esse cristal se tornou conhecido por ser um bom talismã para a vegetação, além de afastar os insetos dos canteiros.

Para garantir bons frutos em sua futura mangueira, enfie um prego na manga que você plantar.

Espalhe pregos ou pedaços de ferro enferrujados em volta de suas plantas para garantir um bom desenvolvimento.

Se quiser atrair boa sorte para as árvores ou os arbustos que você plantar, ponha também na cova, junto da semente, um pedaço das folhas de palmeira distribuídas no Domingo de Ramos.

Peça ajuda a uma amiga grávida para cultivar seu jardim. As gestantes transmitem boa sorte a tudo o que plantam.

Se você sentir que é necessário cortar uma cerejeira, lembre-se de duas coisas: em primeiro lugar, não adie essa decisão e em seguida, o que é mais importante, não leve o machado para dentro de casa – isso significa má sorte na certa.

JARDINAGEM LUNAR

A Lua é o mais importante talismã de todos os tipos de vegetação, por isso observe o céu e preste atenção nas fases lunares antes de plantar qualquer coisa e assegure um bom começo para seu jardim.

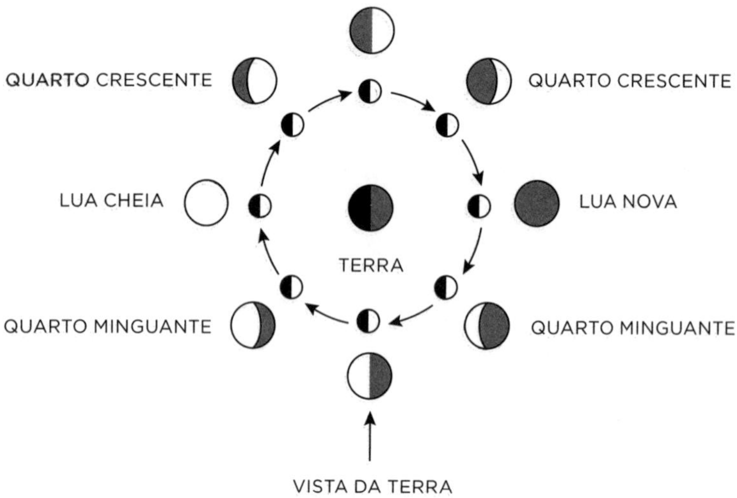

As flores desabrocham melhor se forem plantadas durante o período de lua nova.

As plantas de raízes subterrâneas (como cenouras e tubérculos) crescem melhor se forem cultivadas no período de quarto minguante.

Tudo o que se desenvolve acima da superfície do solo (como árvores e arbustos) deve ser cultivado no período de quarto crescente.

PLANTAS DA SORTE

É muito bom ter plantas em casa, portanto por que não escolher as mais propícias? Quanto mais saudáveis e vibrantes, mais afortunadas suas plantas serão. As aquosas são particularmente promissoras porque brotam e amadurecem cheias de boa sorte. É desnecessário dizer que as folhas mortas ou secas devem ser removidas imediatamente. Apresentamos abaixo algumas plantas que trazem sorte dentro, fora ou em qualquer local da casa em que você as coloque.

BABOSA	Pendure a planta sobre o batente da porta, como se faz na África, para oferecer boa sorte e prevenir acidentes.
BAMBU	Os chineses acreditam que essa planta benfazeja atrai prosperidade, saúde e longevidade.
CACTO	Os espinhos afastam mau-olhado, portanto toda casa deveria ter um cacto perto da entrada.
ALHO-PORÓ	Plante-o no telhado como proteção contra raios e incêndios.
PLANTA-JADE	Os lojistas da Ásia cultivam essa planta para favorecer a sorte nos negócios.
ÁRVORE-DA-FORTUNA	Muito popular na China como presente de ano-novo, será particularmente benéfica se você encontrar um exemplar que apresente sete folhas em uma única haste.

ÁRVORES DA SORTE

Além de valorizar sua propriedade, proporcionar boa sombra e atrair pássaros canoros, as árvores também trazem sorte para a casa e seus habitantes.

CEREJEIRA	Essa árvore é um ótimo ponto de encontro dos futuros namorados, pois oferece muita sorte aos romances.
CHOUPO	Conhecida entre os índios sioux como "a sagrada árvore murmurante", somente sua madeira é bastante auspiciosa para figurar como a peça central das tendas dessa tribo.
ESPINHEIRO	Se for plantada perto da casa, essa árvore tem a capacidade de defendê-la contra a má sorte.
LIMOEIRO	Plante um limoeiro na frente de sua casa como poderoso talismã, que se torna ainda melhor quando está carregado de frutos.
LIMEIRA	Cultive essa verdadeira "esponja" da má sorte perto da porta de sua casa para absorver toda energia negativa que se aproxime sem lhe dar tempo de entrar.
CARVALHO	O poderoso carvalho é um prodigioso ímã de boa sorte – se duvidar, pergunte a qualquer druida que você conheça.
SORVA	Reverenciada pelos celtas, essa árvore ancestral oferece boa sorte onde quer que seja plantada.

O PODER DAS FLORES

As flores podem encantar uma namorada ou confortar um amigo, mas você sabia que algumas delas trazem sorte quando plantadas no jardim ou colocadas dentro de casa?

CRISÂNTEMO 	Carregada de energia, essa flor atua como um ímã de boa sorte dentro de casa.
JASMIM E GARDÊNIA 	Se você quiser cultivar amizades duradouras e afortunadas, dê essas flores às pessoas de quem gosta.
FLOR DE LÓTUS 	Reverenciada da Índia à China, essa flor exótica transforma a má sorte em energia positiva quando cultivada em casa.
MIRTO 	Dedicada pelos gregos à deusa Afrodite, essa flor proporciona sorte no amor e paz na casa, sobretudo para os recém-casados, e deve ser plantada nos dois lados da porta da frente.

NARCISO 	É uma flor que favorece os negócios – principalmente se desabrochar no período de até quinze dias após o ano-novo.
CÉREO-NOTURNO 	Essa flor rara desabrocha pouquíssimo, às vezes abrindo uma única floração em dez anos, e por isso é considerada, pelos asiáticos, o maior símbolo da fortuna, sobretudo quando a pessoa consegue ver sua inflorescência, que tem duração de apenas algumas horas e enche o ar de um aroma forte, que quase intoxica aqueles que o aspiram.
FLOR DE PESSEGUEIRO 	Pendure um ramo dessas flores sobre a porta da frente de sua casa para afastar a má sorte.
PEÔNIA 	Reza a tradição que a peônia simboliza as intenções mais sérias se for oferecida a uma namorada porque tem fama de trazer grande sorte aos romances.
GIRASSOL 	Essa flor acompanha o trajeto do Sol e por isso também atrai boa sorte para todo o jardim.

FLORES QUE FICAM MELHOR AO AR LIVRE

Uma regra geral de jardinagem diz que, se as flores são brancas, não devem ser trazidas para dentro de casa. Associado à morte e aos funerais durante séculos por muitas culturas, o branco ganhou a reputação de mensageiro da má sorte. As flores dessa categoria abrangem narcisos silvestres, lilases brancas e prímulas, entre outras. Evite também manter em casa flores desidratadas ou qualquer floração nascida fora de estação. As flores apresentadas abaixo, brancas ou não, ficam melhor ao ar livre.

FLOR DE CEREJEIRA 	Embora a própria árvore já traga boa sorte quando plantada perto de casa, se você colher suas flores na primavera terá má sorte durante todo o verão.
FLOR DE ESPINHEIRO 	Em palavras simples, pode-se dizer que o aroma do espinheiro lembra a morte. O perfume de suas flores de vida efêmera desenvolveu essa má reputação no século XVII – talvez porque trouxesse aos ingleses da época a lembrança de uma terrível epidemia que dizimou sua população a ponto de ser chamada de Grande Peste.

MADRESSILVA 	Os puritanos da Inglaterra do século XIX acreditavam que essa flor, trazida para dentro de casa, apressaria o desenvolvimento físico das meninas solteiras, coisa muito indesejável para os pais da época, que censuravam qualquer demonstração de sensualidade.
HORTÊNSIA 	Esses mesmos puritanos ingleses acreditavam, por outro lado, que a presença de hortênsias dentro de casa atrasaria o desenvolvimento das meninas solteiras, coisa igualmente muito indesejável porque os pais seriam obrigados a sustentá-las para sempre.
LÍRIO-DO-VALE 	Muitos crêem que essa flor representa "as lágrimas da Virgem", por isso não se recomenda sua presença dentro de casa – nem mesmo seu cultivo nos canteiros do jardim.

PLANTAS NATALINAS

O azevinho, a hera e o visco são plantas clássicas da decoração natalina, mas poucos sabem que sua origem como talismãs é milenar, muito anterior, portanto, ao aparecimento da figura do Papai Noel.

AZEVINHO 	Os romanos tinham o costume de dar ramos de azevinho como presente de boa sorte durante seus festivais de inverno, e na Idade Média essa planta era amplamente cultivada nos peitoris das janelas por causa da crença em seu poder de repelir as bruxas. Acreditava-se, então, que as bruxas odiavam mais o azevinho do que comer crianças magrinhas.
HERA 	Dedicada a Baco, deus latino do vinho, essa planta gozava de popularidade em todo o Império Romano e ficava pendurada no lado externo de tavernas, estalagens e outros estabelecimentos comerciais para indicar que ali se vendia bebida alcoólica. Se crescesse naturalmente nos muros das casas, dizia-se que a hera traria sorte para os moradores, mas, se começasse a murchar e secar, isso era considerado sinal certo de má sorte.

VISCO

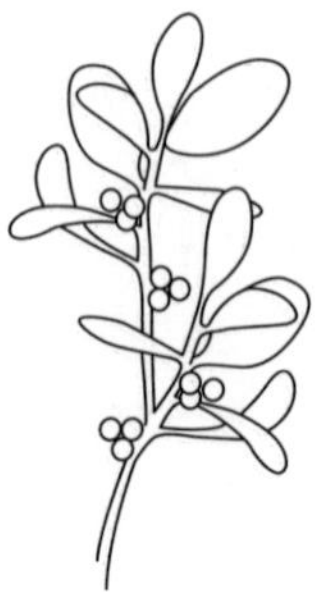

Embora atualmente tenha conotações mais românticas, pois está associado ao beijo, o visco era uma planta sagrada entre os antigos druidas, que seguiam o ritual de colhê-lo com pequenas foices de ouro e nunca permitiam que tocasse o chão. Talvez por isso, até hoje, a planta esteja sempre suspensa a certa altura. Os druidas penduravam o visco sobre os batentes das portas e no centro das casas para proteger e curar todos os que passassem debaixo dele. O historiador romano Plínio, de fato, observou que a palavra "visco", no idioma céltico falado pelos druidas, significava "remédio para todos".

COMO USAR

O azevinho e a hera só devem ser levados para dentro de casa na véspera de Natal e dali removidos até a véspera do Dia de Reis (ou seja, 5 de janeiro) para evitar que a boa sorte se transforme em energia negativa.

Para atrair boa sorte, mantenha um ramo de visco pendurado em sua casa durante o ano todo. Substitua o ramo antigo por um ramo novo na véspera de Natal. O visco só deve ser cortado no período natalino.

Pendure um ramo de visco na área de maior circulação da casa para que sua energia auspiciosa envolva constantemente as pessoas que passarem debaixo dele.

BICHINHOS DA SORTE

Abelha 	Se uma abelha entrar em sua casa, isso é sinal de que a sorte está voando em torno de você.
Borboleta 	As borboletas são encantadoras e parecem símbolos de boa sorte, mas a tradição relativa a elas mostra-se um pouco mais complicada. Ver uma borboleta branca, por exemplo, é sinal de boa sorte, mas a visão de uma borboleta amarela significa que você corre o risco de adoecer em breve. E, por mais improvável que pareça, o fato de ver três borboletas em uma única folha é sinal certo de má sorte.
Lagarta 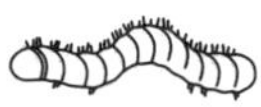	Não se apavore se uma lagarta ziguezaguear em sua direção quando estiver no jardim. Apenas siga o costume e atire-a sobre o ombro esquerdo para atrair mais rapidamente a boa sorte. O mesmo vale para outro bichinho que traz sorte, embora mais pegajoso: a lesma.
Grilo 	Os grilos trazem sorte para seu jardim, e você nunca deve machucá-los. Se um deles entrar em sua cozinha, isso é sinal certo de boa fortuna. Acredita-se que seu canto é capaz de criar um encantamento que afasta a má sorte durante a noite.

Joaninha 	As joaninhas são mensageiras de boa sorte quando encontradas em seu jardim. Esse adorável bichinho atrai mais sorte quando "aterrissa" em você – desde que não o espante. Conte o número de pontos existentes em suas costas, pois muitos acreditam que cada um deles significa um mês inteiro de sorte. Libere o bichinho com este verso: "Joaninha, joaninha, voe para casa porque ela pegou fogo e seus filhotes fugiram".
Louva-a-deus 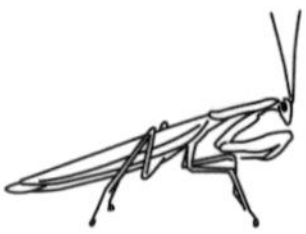	A presença desse inseto no jardim é considerada de boa sorte. O louva-a-deus é tão reverenciado na Ásia que os monges shaolin, adeptos das artes marciais, desenvolveram um estilo de luta baseado em seus movimentos.

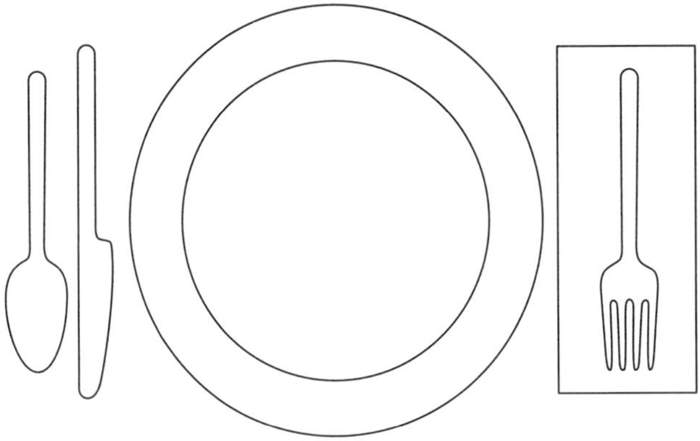

3
ALIMENTOS QUE FAVORECEM A SORTE

Se nós somos o que comemos, por que não comer, beber e atrair a sorte ao mesmo tempo? As receitas contidas nesta seção apresentam alimentos adequados para muitos dos eventos mais importantes da vida e vêm acompanhadas de sugestões para jantar em companhia da boa sorte, de conselhos internacionais sobre o que é melhor comer no ano-novo para garantir doze meses de sucesso e de um guia de ingredientes que ajudarão a temperar suas refeições com várias pitadas de boa fortuna. Prepare-se, portanto, para transformar seus antigos votos de "bom apetite!" em novos votos de "boa sorte!".

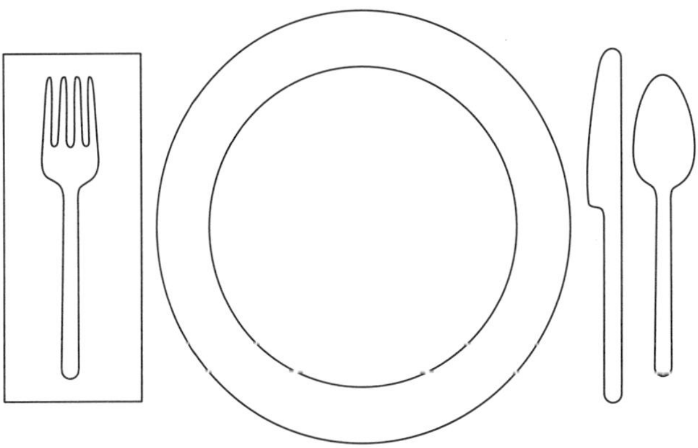

BRINDES À SORTE

A tradição de erguer os copos e brindar à saúde de alguém tem suas origens em propósitos práticos – a intenção de assegurar aos convidados que a bebida a eles oferecida não continha veneno. Desde a Grécia antiga os anfitriões cultivavam o costume de servir-se e beber de um recipiente comum e depois pedir a seus convidados para fazer o mesmo, tornando esse gesto uma garantia de que todos os comensais continuariam a gozar de perfeita saúde. Quando essa preocupação com o envenenamento (nada raro em outras épocas) se reduziu, os convivas passaram a bater levemente os copos uns nos outros em um brinde à saúde geral e na crença de que o ruído provocado por esse gesto de todos afastaria os maus espíritos que estivessem à espreita. O uso da palavra *toast* nos países de língua inglesa parece igualmente antigo e se deve à prática (quase incompreensível hoje em dia, mas bastante comum no passado) de acrescentar um pedaço de pão torrado (*toast*, em inglês) no vinho ou na cerveja para acentuar o sabor. Você pode descartar o pedaço de torrada, mas lembre-se das sugestões apresentadas a seguir quando fizer um brinde:

Sirva o vinho apenas com a mão direita. E, quando passar adiante a garrafa, faça isso sempre no sentido horário (seguindo o movimento dos ponteiros do relógio).

Se você costuma evitar o álcool, saiba que, para atrair boa sorte, deve acrescentar uma gota de vinho a seu copo (de outra bebida qualquer) antes de brindar.

Nunca brinde com água – é preferível erguer um copo vazio. Mas, se mesmo assim seu copo contiver água, não o bata contra o copo de nenhuma outra pessoa, pois esse gesto seria um convite à má sorte.

Encare diretamente os olhos de cada pessoa com quem você faz um brinde. Se derramar um pouco de vinho durante o brinde, não se preocupe. Talvez esse fato seja ligeiramente embaraçoso, mas é também um sinal de boa sorte.

Não se levante nem erga seu copo se você for o alvo do brinde. Essa atitude seria como bater palmas para si mesmo, além de atrair má sorte – para não falar em maus modos.

Após o brinde, não deixe de tomar um gole antes de pousar o copo na mesa.

SORTE BORBULHANTE

O champanhe, bebida considerada a quinta-essência da boa sorte, teve origem casual quando alguns monges puseram, pela primeira vez, uma rolha de cortiça em uma garrafa de vinho. A bebida reagiu com a cortiça, gerando ácido carbônico, o que causou efervescência. Embora a Igreja acreditasse que as misteriosas borbulhas fossem obra de espíritos do mal e proibisse sua fabricação, muitos se convenceram de que as mesmas borbulhas atuavam como um verdadeiro ímã de boa sorte e continuaram a produzir clandestinamente a bebida. Quando os reis franceses tomaram gosto pela novidade, a proibição da Igreja foi logo esquecida. Desde então, o champanhe tem sido usado em todo o mundo para celebrar o princípio de um evento qualquer – do nascimento de uma criança aos casamentos ou aos acordos de negócios. No século XIX, iniciou-se a tradição de "batizar" os navios quebrando-se uma garrafa de champanhe em seu casco antes da viagem inaugural. Esse ritual remonta aos primórdios da navegação, quando se faziam sacrifícios de animais e até de seres humanos para pacificar os deuses dos mares. Nos tempos modernos, felizmente, o vinho substituiu o sangue.

SORTE: NÃO MEXA A BEBIDA, APENAS BATA

Aumente sua boa fortuna!

Nos tempos medievais, os frades tinham o costume de convidar a si mesmos a participar das refeições dos paroquianos para lhes oferecer os sacramentos e levar boa sorte às moradias. Como os frades já não fazem isso com tanta freqüência atualmente, damos a receita de um drinque em homenagem a eles.

SORTE DE FRADE

1 dose de rum escuro
1 dose de suco de limão
2 doses de licor Frangelico
1 colher de chá de xarope de romã
1 fatia de laranja

Misture o rum, o suco, o licor e o xarope de romã em uma coqueteleira com gelo picado. Sirva em taças clássicas e decore com a fatia de laranja.

Estes coquetéis não têm a força da bênção de um frade, mas com a alquimia de um bom bartender *poderão proporcionar a você uma significativa chance de boa sorte.*

SORTE EM DOBRO

½ limão cortado em quatro partes
½ dose de licor de laranja
2 doses de vodca

Ponha os pedaços do limão na coqueteleira, junte o licor de laranja e misture bem. Acrescente a vodca e um pouco de gelo, bata bem e sirva em taças com haste longa.

SETE DA SORTE

½ dose de vodca
½ dose de uísque
½ dose de licor de amêndoas
½ dose de licor de laranja
½ dose de rum cubano
½ dose de licor de pêssego
½ dose de gim
1 colher de sopa de suco de cranberry (ou de outra fruta vermelha)
1 colher de sopa de suco de laranja
1 colher de sopa de suco de lima

Ponha as (sete) bebidas em um copo alto. Acrescente os três sucos e sirva em taças comuns.

ERVAS E TEMPEROS DA SORTE

Leia estas páginas e veja seus temperos sob uma nova luz.

ALFAFA 	Acredita-se que essa erva aumente a fortuna de todos aqueles que a carregam consigo, sobretudo os jogadores de cartas.
PIMENTA-DA-JAMAICA 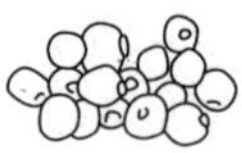	Essa variedade de pimenta, em geral desidratada, tem fama de atrair boa sorte para os negócios de risco. Polvilhe com ela os quatro cantos de seu ambiente de trabalho.
MANJERICÃO 	Essa é essencialmente a erva da boa sorte doméstica. Espalhe um punhado de manjericão moído em um dos cantos de cada cômodo de sua casa ou embeba algumas folhas da planta em água durante três dias e depois borrife um pouco do líquido resultante por toda parte.
CAMOMILA 	Quem poderia imaginar que esse chá calmante tão popular entre os que sofrem de insônia também é capaz de atrair boa sorte no amor? A camomila favorece igualmente os jogadores de cartas que lavam as mãos com uma solução de suas folhas.

CANELA 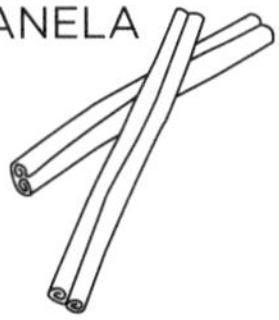	Conhecida por seu poder protetor, a canela é usada desde a Antiguidade como defesa e para favorecer a prosperidade. Mantenha um pouco em sua carteira sempre que precisar de mais autoconfiança ou quiser aguçar sua capacidade de comunicação.
GALANGA 	Também conhecida como gengibre-amargo, essa planta usada na culinária do Sudeste Asiático tem fama de promover a sorte e a prosperidade. As folhas em formato de espada talvez se relacionem a seus supostos poderes de proteção.
FRUTOS DO JUNÍPERO 	Acredita-se que o fruto do junípero, encontrado nas tumbas egípcias e valorizado pelos antigos gregos por sua capacidade de aumentar a resistência dos participantes dos jogos olímpicos originais, favorece o sucesso financeiro, assim como a vida romântica.
NOZ-MOSCADA 	Uma das especiarias mais valiosas do mundo no passado, a noz-moscada também pode ser usada, hoje em dia, para aumentar os ganhos dos aficionados das cartas de baralho que a adotam como talismã durante os jogos de azar.
ANIS-ESTRELADO 	Reverenciadas no Japão por suas propriedades salutares, as sementes e a casca do anis-estrelado são utilizadas como incenso nos templos, em cujos jardins sua árvore sempre verde é comumente cultivada (até mesmo nos cemitérios) para atrair boa sorte.

O TEMPERO DA BOA SORTE

ALHO

Muito antes que o culto cinematográfico aos vampiros fizesse dele a principal defesa contra essas criaturas da noite, o alho já era um símbolo de boa sorte em quase todos os países que o cultivavam. Da mesma forma, bastante tempo antes que suas consideráveis propriedades medicinais fossem comprovadas por estudos científicos, esse tradicional tempero era conhecido como um excelente talismã na cura de várias doenças. Os antigos egípcios acreditavam que o alho era uma dádiva dos deuses e chegavam ao extremo de venerá-lo como a uma deidade, enquanto os romanos comiam os dentes de alho antes das batalhas na esperança de aumentar, assim, a própria coragem. Ainda hoje, alguns toureiros espanhóis levam alho consigo quando entram na arena para proteger-se das investidas dos touros. Da Grécia à Irlanda, havia réstias de alho penduradas sobre as lareiras ou suspensas em forma de guirlandas acima das portas de quase todas as casas, e às vezes as pessoas chegavam a esfregar os bulbos nos utensílios de cozinha para afastar a má sorte. Além disso, o alho conquistou enorme relevância, evidentemente, como proteção contra os gentis vampiros de sotaque estrangeiro que habitam os castelos europeus, e para isso é sempre recomendável usar seus bulbos em volta do pescoço para garantir um sono tranqüilo. Porém, se você quiser beijar alguém depois de comê-lo, resta-nos desejar-lhe boa sorte!

A ERVA DA MÁ SORTE

SALSA

Na próxima vez que você quiser guarnecer uma travessa com alguns ramos de salsa, pare e pense melhor. Os gregos antigos consideravam a salsa a erva sagrada dos mortos e os romanos a usavam para decorar seus túmulos. Não é de admirar, portanto, que essa graciosa plantinha esteja vinculada a conotações negativas. Plutarco, célebre historiador romano, conta a história de uma batalha ocorrida entre o exército grego e um grupo de guerreiros celtas que se encontrava em enorme desvantagem numérica. O astucioso comandante celta cobriu 100 mulas com uma manta de salsa e as fez correr ao encontro das tropas avançadas gregas, que fugiram horrorizadas diante da visão de tamanha quantidade da temida erva. Acreditava-se, na época, que apenas as pessoas perigosas e ferozes eram capazes de cultivar bem essa "erva do diabo" – talvez, de uma perspectiva realista, em razão do período de germinação notoriamente longo que o vegetal atravessava (dizia-se que as sementes tinham de ir até o inferno e de lá voltar antes de brotar). É sinal de má sorte, ainda, descartar, dar de presente ou replantar a salsa, pois o ato de removê-la da casa anterior para a casa atual, por exemplo, apenas transplantaria todas as vibrações negativas para a nova morada.

RECEITAS DA SORTE

TALHARIM CHINÊS DE ANIVERSÁRIO COM GALINHA E CAMARÃO

Na China, assim como em vários outros países asiáticos, as pessoas têm quase a "obrigação legal" de comer talharim no dia de seu aniversário porque os longos "ninhos" da massa representam vida longa. Você pode encontrar esse talharim de estilo chinês na seção de importados dos grandes mercados. Os "ninhos" não devem ser partidos ao meio antes da fervura nem cortados durante a refeição, pois isso romperia seu propósito de proporcionar vida longa, além de atrair má sorte. A receita aqui apresentada combina o talharim da longevidade com ovos, outro símbolo de boa sorte e de abundância entre os chineses.

TALHARIM CHINÊS DE ANIVERSÁRIO

150 gramas de ervilhas
1 maço de brócolis
2 cenouras grandes fatiadas
3 ovos
500 gramas de talharim chinês
250 gramas de peito de galinha
3 pitadas de sal
1 pitada de pimenta
1 colher de sopa de amido de milho (maisena)
3 colheres de sopa de azeite de oliva
1 dente de alho cortado em fatias finas
150 gramas de camarões médios, limpos e sem casca
½ xícara de caldo de galinha
molho de soja a gosto
sal e pimenta a gosto
1 talo de cebolinha cortado em fatias finas

Ferva todos os vegetais e os camarões até cozinhar levemente, escorra e reserve. Bata os ovos, frite-os em forma de omelete e depois corte em fatias finas. Escalde o talharim chinês em água quente e enxágüe rapidamente com água fria.

Corte o peito de galinha em tiras e cubra-as bem com o sal, a pimenta e a maisena. Aqueça o azeite de oliva em uma frigideira grande e refogue o alho até dourar ligeiramente. Acrescente as tiras de peito de galinha e frite-as levemente. Junte em seguida os camarões, os vegetais e finalmente o talharim. Ponha o caldo de galinha e misture bem, acrescentando molho de soja, sal e pimenta a gosto. Coloque em uma travessa e guarneça com as fatias de omelete. Salpique com a cebolinha picada e sirva imediatamente. *Seis porções.*

NHOQUE DA FORTUNA

(nhoque com manteiga e sálvia)

Não se deixe enganar pela origem italiana do nome – esse prato, na verdade, nasceu no Brasil. Conta a lenda que um homem muito pobre passou por um vilarejo, no vigésimo nono dia do mês, em busca de uma refeição. Um gentil casal de velhinhos lhe ofereceu um prato de nhoque (o único alimento existente em sua mesa naquele dia) e ele o comeu com grande gratidão. Algum tempo depois, o homem retornou ao vilarejo com a notícia de que sua sorte mudara tremendamente desde o dia em que comera o nhoque ofertado pelo generoso casal. Ele agora era dono de grande fortuna. Os brasileiros, desde a difusão dessa história, têm comido o "nhoque da fortuna" na esperança de merecer a mesma sorte. Vale qualquer tipo de nhoque e molho, mas a boa sorte requer algumas condições:

① Espere o dia 29 de cada mês para comer o nhoque da fortuna.

② Coloque uma nota de 1 real (ou uma nota de maior valor, se preferir, desde que seja papel-moeda) debaixo de seu prato de nhoque antes de comer.

③ Coma as sete primeiras porções de nhoque ainda de pé.

④ Guarde a nota que colocou debaixo de seu prato durante trinta dias e doe-a, em seguida, a uma pessoa carente. Esse ato de generosidade voltará a você em forma de boa sorte.

NHOQUE DA FORTUNA

1 quilo de batatas	sal
200 gramas de farinha de trigo (ou mais, se necessário)	3½ colheres de sopa de manteiga
leite	2 folhas frescas de sálvia
pedaços de pão	noz-moscada a gosto
1 ovo	queijo parmesão

Nhoque:

1) Ferva as batatas até cozinhá-las completamente e amasse-as enquanto ainda estiverem quentes. Acrescente devagar toda a farinha e depois o ovo, mexendo até obter uma massa elástica e macia. Se a massa ficar muito seca, junte um pouco de leite. Se ficar úmida demais, ponha alguns pedaços de pão ou mais farinha. 2) Enrole a massa em longos cilindros de cerca de 2 centímetros de diâmetro e corte-os em pedaços de cerca de 2 centímetros de comprimento. Salpique levemente os pedaços com farinha para evitar que grudem uns nos outros e arrume-os sobre uma toalha de papel. 3) Ferva os pedaços em uma panela grande cheia de água e sal e mexa com cuidado para que não grudem uns nos outros durante o cozimento. Os pedaços de nhoque estarão cozidos quando flutuarem na superfície da água (o que requer pelo menos 5 minutos de fervura). Retire-os da panela com uma escumadeira e arrume-os numa tigela, cobrindo-os imediatamente com o molho de manteiga e sálvia. Salpique noz-moscada e sirva com queijo parmesão recém-ralado.

Molho de manteiga e sálvia:

Derreta a manteiga em uma panela rasa e acrescente a sálvia de maneira que a cozinhe levemente, dando sabor à manteiga (por cerca de 3 a 5 minutos). *Quatro porções.*

ALIMENTOS QUE ATRAEM SORTE NO ANO-NOVO

Seja qual for a região do planeta em que se vive, o ano-novo é sempre um marco de atração da boa sorte em torno da mesa durante uma boa ceia. Alguns começam a comer tão logo o relógio aponta a meia-noite, enquanto outros já compartilharam o prazer da ceia da véspera de ano-novo ou preparam sua festa para o dia seguinte. Apresentamos aqui algumas tradições gastronômicas de ano-novo que trazem boa sorte cultivadas em várias partes do mundo.

ÁUSTRIA

O porco é a grande estrela do ano-novo nesse país, onde é tradicionalmente servido, de filhotes a leitões, na forma de belos bichinhos de marzipã. Esse animal simboliza um futuro de abundância e boa alimentação, pois, convenhamos, qualquer família que possui um porco gosta de comer bem.

BRASIL

À meia-noite da véspera de ano-novo, os brasileiros gostam de ir à praia sempre que possível para entrar no mar e pular sete ondas. Quando retornam para casa, sua primeira refeição no ano recém-nascido se compõe de lentilhas e arroz porque, assim como na Itália, o formato de moeda das lentilhas significa prosperidade também no Brasil.

FRANÇA

Os franceses comemoram a véspera de ano-novo com uma festa chamada *Réveillon de Saint-Sylvestre.* Essa ceia especial, segundo uma antiga crença, traz prosperidade para a casa. Os pratos tradicionais são panquecas (*crêpes*), patê de fígado de ganso (*foie gras*) e, é claro, muito champanhe. Durante a celebração da Purificação da Virgem Maria, no dia 2 de fevereiro, em sua Festa da Candelária, os franceses consomem mais panquecas e seguram uma moeda de ouro na mão esquerda enquanto, com a direita, comem essa iguaria típica para garantir boa sorte e riqueza ao longo do ano inteiro.

PAÍSES HISPANO-AMERICANOS

De acordo com uma tradição difundida da Espanha à Venezuela, os povos hispano-americanos comem doze bagos de uva à meia-noite da véspera de ano-novo, embora os peruanos prefiram ir além e comer treze deles. Ingeridos um a um, os bagos de uva simbolizam os doze meses do ano que está nascendo. O mais doce corresponde ao mês de melhor sorte, enquanto o mais ácido indica o mês em que será preciso ter muita cautela.

HOLANDA

A expressão *oliebollen* (traduzida literalmente como "bolas de óleo") talvez não seja muito apetitosa, mas essas deliciosas e bem fritas roscas doces, recheadas de passas, maçãs e groselhas, são devoradas pelos holandeses na véspera de ano-novo. A tradição remonta ao mito da deusa germânica Perchta, que costumava voar através do céu, em pleno inverno, tentando cortar e abrir a barriga das pessoas com as quais cruzava. Acreditava-se que a gordura dessas roscas protegia aqueles que as comiam, pois a espada da deusa cortava sua barriga sem feri-los.

FILIPINAS

A tradição de algumas regiões não dá, na verdade, tanta ênfase à comida, e sim à mesa. Os filipinos, por exemplo, acreditam que, à meia-noite da véspera de ano-novo, a mesa de cada casa deve estar repleta até as bordas de inúmeros pratos de boa comida. Isso vai garantir muita fartura ao longo de todo o ano que está nascendo.

SICÍLIA

A regra principal da ceia de ano-novo entre os sicilianos é esta: a boa sorte só abençoa aqueles que comem lasanha. As pessoas que preferem espaguete, talharim, nhoque ou qualquer outro tipo de massa, portanto, correm riscos por conta própria.

CINGAPURA

Yusheng é uma salada de peixes crus, típica do litoral sul da China, cuja origem tem 1.500 anos de idade e se difundiu graças aos *chefs* de cozinha de Cingapura durante a década de 1960. A palavra *yusheng* significa justamente "peixes crus" (em mandarim), mas há também outro sentido: "surgimento da boa sorte". Com o propósito de literalmente testemunhar o nascimento da própria fortuna, as famílias e os amigos se reúnem em torno de uma mesa de jantar na sétima noite do ano-novo chinês e lançam ao ar, usando seus pauzinhos de comer, os ingredientes cortados em tiras enquanto expressam seus votos de boa sorte para o ano que se inicia.

SUÍÇA

Os cremes simbolizam riqueza, e por isso os suíços acreditam que poderão atrair muita sorte e prosperidade se jogarem no chão grandes punhados de creme no dia de ano-novo. Isso nos faz pensar na "sorte" daqueles que limpam toda a bagunça.

E CHEGOU A VEZ DA CHINA

Em uma cultura na qual os alimentos e o simbolismo são de suprema importância, o ato de comer para atrair boa sorte é o evento principal do ano-novo chinês. As famílias tradicionalmente se reúnem na véspera do ano-novo lunar para um banquete suntuoso durante o qual determinados pratos adquirem significado especial no que diz respeito à sorte e as iguarias são servidas segundo a relevância que lhe dão o nome e a aparência. Os bolinhos de massa são os preferidos porque seu formato lembra uma pepita de ouro. O *nian gao,* bolo de arroz de ano-novo doce e viscoso, é ingerido na intenção de promover a ascensão do padrão de vida das pessoas porque a palavra chinesa *nian,* cujo sentido é "viscoso", também quer dizer "ano", enquanto o termo *gao,* ou "bolo", significa igualmente "alto". As belas laranjas-mandarim são passadas para todos, pois sua cor vibrante não apenas simboliza boa fortuna como também o vocábulo "laranja" (*kum*) tem o som parecido com o da palavra "ouro" no dialeto cantonense. Os peixes têm destaque absoluto nesses banquetes, uma vez que *yu* ("peixe") lembra tanto o termo que significa "abundância" quanto o que quer dizer "voto". Em conseqüência disso, as famílias, segundo a tradição, reúnem-se e comem um peixe todo para representar votos de abundância no ano que se inicia.

VASILOPITA

Essa iguaria, também conhecida como "bolo de São Basílio", constitui uma tradição de ano-novo entre as famílias gregas, que assam esse petisco doce para abençoar a própria casa e dar boas-vindas à fortuna. Esse costume ancestral remonta ao século IV da era cristã, quando São Basílio procurava, secretamente, distribuir dinheiro entre os pobres. Ele teve então a idéia de esconder moedas de ouro na massa dos bolos que levava às famílias mais necessitadas de sua diocese, que dessa forma se alimentavam um pouco melhor e tinham a surpresa de encontrar no bolo um recurso inesperado – sem passar pelo constrangimento de receber o presente como se fosse uma esmola. Hoje em dia, essa sobremesa típica deve ser servida quando toda a família estiver reunida em torno da mesa. Quando cada fatia é cortada, o nome da pessoa que vai recebê-la deve ser dito em voz alta. A primeira fatia, entretanto, será sempre cortada em nome de São Basílio ou da pessoa que assou o bolo. Os demais pedaços devem, em seguida, destinar-se aos outros convidados, a começar pelos mais velhos. Aquele que encontrar a moeda de ouro na própria fatia terá boa sorte especial durante o ano. Quem receber a primeira fatia deve comê-la por último – e, se encontrar a moeda, sua casa será a mais abençoada pela sorte!

VASILOPITA

4 ovos (inteiros)	a casca inteira de uma laranja
3 gemas	4 colheres de sopa de suco de laranja fresco
2 xícaras de açúcar	½ colher de chá de essência de baunilha
500 gramas de manteiga (em temperatura ambiente)	2 xícaras de amêndoas bem moídas
3 a 4 xícaras de farinha de trigo	açúcar de confeiteiro e outros acessórios de decoração de bolos
3 colheres de chá de fermento	
½ colher de chá de bicarbonato de sódio	
1 pitada de sal	

Preaqueça o forno a 180 graus centígrados. Escolha uma moeda nova e cintilante, que deve ser lavada e envolvida em uma folha de estanho. Reserve. Bata os ovos inteiros, as gemas e o açúcar até o ponto de neve. Acrescente a manteiga e mexa bem até obter consistência cremosa. Misture, em outra tigela, 3 xícaras de farinha, o fermento, o bicarbonato de sódio, o sal e a casca de laranja. Junte essa mistura ao ovo e à manteiga já batidos e mexa bem. Acrescente, por fim, o suco de laranja e a essência de baunilha e misture bem. Junte as amêndoas moídas. Se nesse ponto a mistura parecer muito aquosa, acrescente lentamente mais uma xícara de farinha. A consistência deve ser tão densa e enxuta quanto a massa própria para panquecas. Ponha essa mistura em uma fôrma grande ou em duas pequenas, conforme sua preferência, e junte a moeda. Não se esqueça de encher as fôrmas apenas até a metade porque a massa cresce bastante. Asse durante 60 a 75 minutos – de acordo com o tamanho da fôrma escolhida. Espere que o bolo esfrie completamente e polvilhe com o açúcar de confeiteiro. Use pedaços de amêndoas, lascas de chocolate ou qualquer outro tipo de decoração para escrever os algarismos do ano-novo bem no centro do bolo. *Oito a dez porções.*

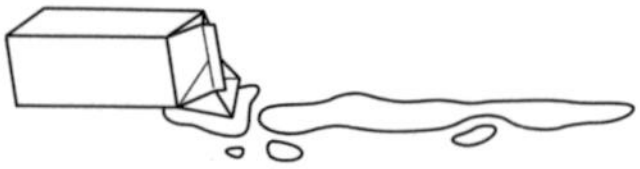

DEIXE CAIR COM SORTE (OU SEM ELA)

VINHO. Caso o brinde fique muito "vibrante", não se abale se você deixar cair um pouco da bebida. O vinho derramado no chão é considerado um tributo de bom agouro aos ancestrais. Se a bebida cair sobre a mesa, isso será um símbolo de boa sorte a compartilhar na boa companhia de familiares e amigos.

LEITE. Se você derramar leite, não haverá remédio: prepare-se para sete dias de má sorte. Console-se com o pensamento de que poderia ter sido um espelho.

PÃO. Se você expressar um desejo ao pegar o pedaço de pão que deixou cair, ele se tornará realidade. Se, no entanto, o lado da manteiga ficar para baixo, isso é sinal de má sorte. Caso o lado da manteiga esteja voltado para cima, um estranho vai telefonar para você.

GARFO. A queda de um garfo significa que a dama da fortuna está a caminho – ou, pelo menos, que você vai receber uma visita feminina. Não há erro.

COLHER. Se cair voltada para cima, a colher significa um convite à boa fortuna. Não será bem assim, porém, se cair voltada para baixo.

FACA. Uma queda acidental em que a ponta da faca se finca no chão é sinal de muito boa sorte. Se a faca apontar determinada direção, é provável que a fortuna venha justamente dali. Se, porém, a faca cair em sentido horizontal, isso significa um revés: haverá uma discussão ou uma visita indesejável. Quando alguém recolhe uma faca que outra pessoa derrubou, a boa sorte, sem dúvida, será seu prêmio.

AS SOBRAS DA SORTE

Se um peixe inteiro for servido à mesa, você deve começar a comê-lo a partir da cabeça para atrair boa sorte.

Um sonho com cebolas pode ser sinal de que a sorte está a caminho.

Comer ostras, segundo os ingleses, traz boa sorte. A pessoa que fizer isso jamais passará fome.

Um chá para duas pessoas não significa que ambas devam servir-se do mesmo bule. Segundo alguns, isso provoca discussões e é quase tão nefasto quanto o ato de devolver ao bule o líquido já servido na xícara. Para garantir a boa sorte enquanto você toma chá, deixe sempre um pouco de água quente na chaleira.

As bananas são consideradas extremamente auspiciosas entre os habitantes das ilhas do Caribe. Expresse um desejo enquanto corta uma fatia da ponta de uma banana. Se aparecer uma marca em forma de Y, seu desejo será atendido.

Se você achar uma ervilha dentro de uma vagem, isso é sinal de sorte no amor. Se, porém, encontrar nove ervilhas em uma só vagem, sua sorte será ainda maior. Jogue a vagem (e as ervilhas) sobre o ombro, expresse um desejo e espere para ver.

Caso esteja planejando usar um par de pauzinhos para comer segundo o estilo japonês e fazer boa figura em seu restaurante oriental preferido, pense melhor. Se você quebrar os pauzinhos, terá um período de má sorte. O mesmo vai acontecer caso segure um par de pauzinhos em sentido perpendicular à tigela de arroz porque é assim que ficam os estiletes de incenso nos funerais budistas.

Você terá um dia de grande sorte se encontrar duas gemas no mesmo ovo, pois se acredita que os pedidos feitos nessas circunstâncias costumam tornar-se realidade. Os ovos proporcionam boa sorte porque simbolizam poderes reprodutores sagrados, e duas gemas significam que a sorte virá em dobro.

4
ENDEREÇOS DA BOA SORTE

O mundo está cheio de lugares conhecidos por sua aura de boa sorte. As pessoas que viajam em busca de melhor destino vão da Austrália a Las Vegas para visitar locais onde tocam sinos, esfregam estátuas e passam por pontes – toda essa peregrinação para atrair os favores da deusa da fortuna. Apresentamos a seguir uma coletânea não apenas de bons endereços como também de crenças e costumes existentes nos quatro cantos da Terra. Vivemos em um planeta fantástico, por isso está na hora de pegar seu passaporte e sair para explorá-lo! Se isso não for possível, esperamos, pelo menos, que você se divirta com a leitura das próximas páginas.

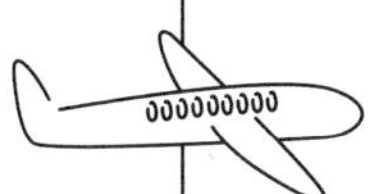

Irlanda do Norte
Irlanda
Inglaterra

GRÃ-BRETANHA

A VIRADA DA PEDRA DO DIABO

Shebbear, Devon

Se você quiser presenciar a revirada (literal) de um símbolo de má sorte, dirija-se a Shebbear, em Devon, na Inglaterra, no dia 5 de novembro de qualquer ano. Enquanto o restante do país comemora o Dia de Guy Fawkes, feriado em homenagem a esse herói inglês do século XVII, os cidadãos locais têm pela frente uma tarefa de grande peso – a virada de uma pedra de cerca de 2 metros de comprimento que, segundo a lenda, foi "lançada pelo diabo" na praça principal da cidadezinha. Ninguém sabe ao certo como a rocha, que não é natural da região, chegou ali, mas o fato é que já existia muito antes da fundação de Shebbear. Para evitar que a má sorte caia sobre os habitantes, os sineiros locais precisam revirar a pedra, que pesa mais de 1 tonelada. Essa cerimônia já era mencionada no Domesday Book, obra do ano de 1086, e constitui um dos costumes mais antigos de toda a Europa. Às 8 horas da noite, quando os sinos da igreja começam a tocar, a enorme pedra é virada e todos respiram, coletivamente aliviados, porque a boa sorte está garantida – pelo menos por mais um ano.

IRLANDA

A ROCHA BLARNEY

Castelo Blarney, Cork

A rainha Elizabeth I, que nunca se embaraçava com as palavras, foi a responsável pela associação existente entre esse castelo, sua célebre rocha e o dom de improvisar com eloqüência. Aborrecida, ao que tudo indica, com as evasivas e os pretextos dados por lorde Blarney diante de suas tentativas de negociar a posse das terras dele, a rainha teria dito algo como: "Isso é bem próprio de Blarney!". Se você estiver disposto a escalar as ameias desse castelo de 500 anos de idade e deixar que outra pessoa o segure pelas pernas enquanto se debruça, de costas, sobre o parapeito e beija a muralha de pedra, será recompensado com um tipo de boa sorte que alguns consideram bem irlandesa – o dom da eloqüência.

IRLANDA DO NORTE

A CADEIRA DOS DESEJOS

Giants Causeway, Antrim

As ásperas formações rochosas compostas de mais de 40 mil colunas hexagonais esculpidas pela natureza sob os escarpados penhascos da costa da Irlanda do Norte parecem obra de um gigante. E, aparentemente, são mesmo. Segundo a lenda, um gigante chamado Finn MacCool colocou as rochas ali para construir uma estrada que o levasse à Escócia, onde vivia a mulher que amava. No meio da passagem há um assento de pedra conhecido como A Cadeira dos Desejos, supostamente feito por Finn durante a infância. Acredita-se que os visitantes que se sentam nessa cadeira e expressam um pedido são atendidos. Fica, porém, uma dúvida: se essa crença é verdadeira, por que nosso gigante nunca desejou, simplesmente, que sua namorada se mudasse para a Irlanda?

MÔNACO

ESTÁTUA DO REI LUÍS XV

Monte Carlo

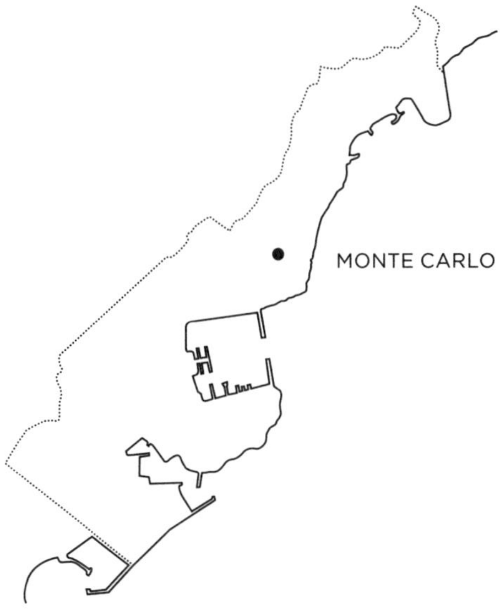

O Principado de Mônaco há muito reina como um dos locais mais charmosos do mundo para os apreciadores do jogo. Antes, porém, de arriscar a sorte no Cassino de Monte Carlo, "onde a fortuna e o acaso andam de mãos dadas", junte-se aos freqüentadores mais experientes e dirija-se ao legendário Hotel de Paris, no outro lado da rua, em cujo saguão encontrará uma grande estátua eqüestre do rei Luís XV. Seja você ou não um jogador ousado, experimente esfregar o joelho do cavalo ou o nariz do rei. Ambos têm, segundo dizem, o poder de garantir que as cartas se combinem em seu favor durante a noite toda.

Verona
Veneza
Florença
Roma

ITÁLIA

IL PORCELLINO

Florença

Há em Florença, na Loggia del Mercato Nuovo, uma estátua de bronze feita por Pietro Tacca no século XVII. Embora represente um javali selvagem, os cidadãos locais referem-se a ela como il porcellino (o leitão). Afirma a lenda que, se esfregar o focinho do bicho, você terá boa sorte. Alguns sugerem também rolar uma moeda pelo nariz ou colocá-la na boca da estátua até fazê-la cair. Se a moeda despencar diretamente na grade da fonte, isso significa que você terá sorte ainda maior.

A PONTE DOS SUSPIROS

Veneza

Construída em 1600 como passagem entre o Palácio Ducal, residência do doge veneziano, e o Palazzo delle Prigioni (Palácio das Prisões), onde os condenados ficavam detidos, essa construção de beleza enganosa talvez tenha herdado seu nome da reação dos prisioneiros sentenciados à morte que a atravessavam a caminho do patíbulo. Os únicos suspiros ouvidos ali, hoje em dia, vêm dos casais de namorados adeptos da crença de que sua sorte amorosa será eterna se passarem sob a ponte durante um passeio de gôndola e trocarem um beijo à sombra da célebre estrutura.

O BALCÃO DE JULIETA

Verona

Esse tranqüilo pátio situado no coração da Verona medieval e oculto no número 27 da Via Cappello é uma das atrações turísticas mais populares da cidade. Ali você poderá observar o lendário balcão que Romeu supostamente escalou para trocar juras de amor com sua adorada Julieta. E, o que é mais importante, terá a chance de juntar-se aos milhões de pessoas que já esfregaram o seio direito da estátua de bronze da heroína de Shakespeare ali existente, esculpida por Nereo Constantini, na crença de que esse gesto lhe trará eterna sorte no amor. Mas isso não deixa de parecer estranho se pensarmos no trágico desfecho da história de Julieta.

A FONTE DE TREVI

Roma

Se você teve a sorte de conhecer essa obra magnífica concluída em 1762 por Niccolò Salvi, também já viu centenas de turistas do mundo inteiro que se acotovelavam, de costas para a fonte, em busca do melhor lugar para atirar, sobre os próprios ombros, uma moeda naquelas águas irrequietas. Esse é de fato um testemunho definitivo do amor que os viajantes têm pela cidade, pois a única sorte que ali se ganha em troca desse gesto é a garantia de retornar a Roma no futuro. Talvez a própria cidade seja a mais afortunada dentre todos, pois sua prefeitura recolhe o equivalente a cerca de 3 mil euros diários, soma das moedas lançadas pelos visitantes de Trevi e destinada ao subsídio de um supermercado para a população carente.

EM ROMA

Não fuja se um gato espirrar perto de você, pois isso é sinal de boa sorte para todos os que ouvirem o espirro.

Mantenha distância das casas que têm pássaros.

Não elogie a beleza do bebê de ninguém, porque essa atitude evoca o *malocchio* (mau-olhado).

Afaste o mau-olhado com o *mano cornuto* (sinal do chifre). Estenda o dedo mínimo e o indicador enquanto dobra os outros dedos sobre a palma da mão.

Use um pequeno talismã em forma de chifre (*cornetto*) em volta do pescoço para espantar a má sorte.

Carregue no bolso um prego retorcido.

Afaste-se das freiras. Se não puder evitá-las, toque um objeto de ferro (a versão local do costume de bater na madeira) logo depois de ver uma delas para preservar a boa sorte. É possível também imitar os italianos e murmurar "essa freira é sua", dirigindo-se ao primeiro que passar e transferindo assim a freira (e a má sorte, portanto) para outra pessoa.

Evite o número 17. Os dígitos lembram a figura de um homem enforcado (o número 1 é o homem e o 7 representa a forca). Além disso, em algarismos romanos, o resultado é XVII. Reordenando essas letras, você obterá a palavra VIXI, que em latim é a forma pretérita do verbo viver e ainda hoje inicia muitas inscrições de túmulos.

SUÉCIA

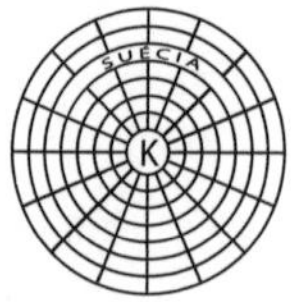

TAMPOS DE BUEIROS
Qualquer rua do país

Não se surpreenda ao ver que as pessoas percorrem as ruas de forma peculiar, caso você vá a Estocolmo. Essas ruas, assim como as de outras cidades do país, estão cheias de tampos de bueiros, e muitos suecos acreditam que terão boa sorte se pisarem nos tampos marcados com a letra K, enquanto o contrário acontecerá se pisarem nos que estampam a letra A. Vamos explicar esse mistério:

A letra K significa, na verdade, *kälvatten* (água potável), mas para os adeptos das tradições de boa sorte esse K representa a palavra *kärlek* (amor). Ao pisar na letra K, você deve pensar na pessoa amada, e isso trará boa sorte a ambos. A opção de pular também é positiva: quanto mais você pular sobre um K, maior sua sorte nas questões de amor. Não seria necessário dizer, portanto, que o melhor que um casal tem a fazer em favor de sua vida romântica é trocar um beijo enquanto pisa na letra K de um tampo de bueiro.

Já a letra A significa *avlopp* (esgoto) e tem algumas conotações desfavoráveis para os suecos: pode representar *avbruten* (amor perdido), avundsjuka (inveja) ou até mesmo uma advertência, como "tome cuidado!" (*akta*). Se você pisar sem querer na letra A de um tampo de bueiro, os efeitos negativos disso poderão ser neutralizados caso alguém dê três tapinhas em suas costas. Mas há um problema: esse gesto precisa ser espontâneo, você não pode pedir a ninguém que o faça. A maioria dos garotos pré-adolescentes, contudo, prefere afastar-se da letra K e pisar o mais possível nos tampos do tipo A – cai fora, amor!

REPÚBLICA TCHECA

A PONTE DO REI CARLOS

Praga

Eis uma ponte projetada desde o início para ser um símbolo de sorte. Com o fim de proteger a nova construção das inundações que haviam destruído a ponte original, os responsáveis pela obra instalaram sua pedra fundamental em 1357, no dia 9 de julho, às 5h31 da manhã, data que forma um palíndromo (135797531), pois pode ser lida nos dois sentidos, e foi considerada, pelos astrólogos da época, inteiramente favorável ao rei Carlos IV. Esse esforço, ao que tudo indica, valeu a pena porque a pitoresca ponte ainda está bem sólida ainda hoje, apesar do desgaste causado por forças bem mais ameaçadoras – os milhares de turistas que a procuram todos os dias, fazendo dela a principal atração de Praga. Multidões de visitantes dirigem-se à estátua de São João de Nepomuk lá existente para esfregar a placa metálica com inscrições em relevo presa ao pedestal em busca de boa sorte.

POLÔNIA

CATEDRAL WAWEL

Cracóvia

O gigantesco sino da Catedral Wawel, da cidade de Cracóvia (cujo nome, Sino de Zygmunt, deriva do rei polonês que o doou à igreja em 1520), é um dos maiores do planeta. Nos feriados importantes, tais como Natal e Páscoa, suas badaladas podem ser ouvidas a muitos quilômetros de distância – mas

Rússia
Polônia
República Tcheca
Eslovênia

você vai desejar estar bem mais perto dele. Vale a pena subir os incontáveis degraus da escada que conduz ao topo da torre que o abriga para tocar o badalo de cerca de 300 quilos, pois esse gesto, segundo a crença local, torna as pessoas muito afortunadas, e os desejos expressos no momento são atendidos.

ESLOVÊNIA

IGREJA DA ASSUNÇÃO
Ilha Bled

Em uma pequena ilha situada no meio do Lago Bled há uma igreja barroca que parece saída de um conto de fadas. Noventa e nove degraus estendem-se da margem do lago até a entrada do templo, construído no alto de uma colina. A tradição casamenteira local exige que os noivos mais robustos carreguem suas noivas através dos degraus até a porta da igreja para atrair boa sorte ao novo par. Durante o trajeto, porém, elas devem permanecer em completo silêncio (o que certamente ocorrerá pela primeira e última vez durante toda a duração da vida em comum). Aqueles que não pretendem casar-se também encontram ali uma opção de boa sorte: tomar um pletna (tradicional barco de madeira que lembra as gôndolas venezianas) para chegar à ilha, subir a longa escadaria até a igreja, fazer um pedido e tocar o "sino dos desejos". Segundo a lenda, aqueles que tocarem o sino em honra da Santa Virgem terão seus desejos atendidos.

A SORTE QUE VEM DA RÚSSIA

Se uma mulher passar por você carregando baldes de água, isso é sinal de boa sorte. Se, porém, eles estiverem vazios, é justamente o oposto que vale.

Para atrair boa sorte nos dias em que você tiver de enfrentar exames, não arrume a cama, não use nenhuma peça de roupa nova nem corte as unhas.

A visão de um cortejo fúnebre traz boa sorte, mas evite atravessar seu caminho.

Encontrou uma folha de louro em seu prato? Sorte sua! Você logo receberá boas notícias pelo correio.

Para garantir boa sorte nas viagens, sente-se em silêncio, por um momento, ao lado de suas malas antes de sair de casa. Essa é também uma boa oportunidade de verificar se você não se esqueceu de incluir alguma coisa importante na bagagem.

Se você tropeçar com o pé esquerdo, não se preocupe, pois esse é um sinal de boa sorte (embora não tenhamos muitas chances de escolher o pé na hora do tropeço).

Bata três vezes na madeira para assegurar boa sorte, mas vá mais longe e acrescente três cuspidas à esquerda para atingir o diabo, que sempre fica nesse lado.

Não coloque suas chaves sobre a mesa da cozinha, pois isso significa má sorte na certa.

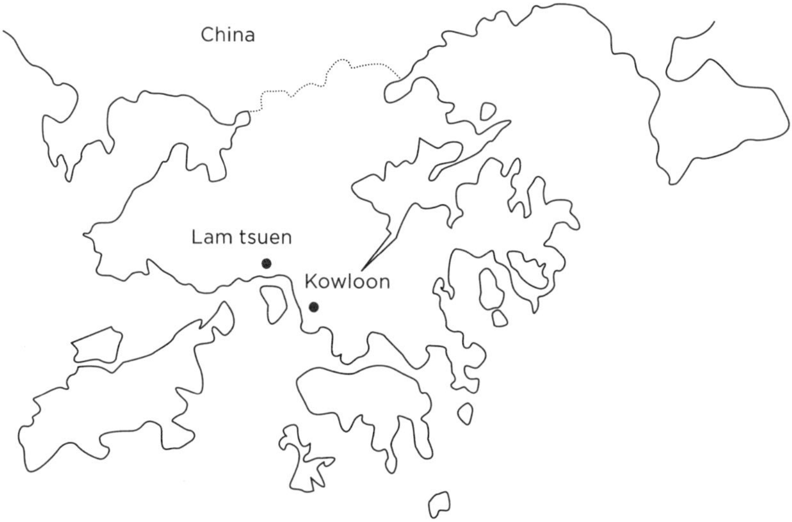

HONG KONG

ÁRVORES DO DESEJO

Lam Tsuen

Veneradas como divindades, duas enormes figueiras-de-bengala têm o poder de conceder desejos. A maior delas destina-se, por tradição, às questões de estudos, saúde e carreira, enquanto a outra representa os aspectos relativos a amor, casamento e filhos. Os turistas e os habitantes da cidade visitam esse local em qualquer ocasião, mas na época do ano-novo chinês o movimento aumenta. Para fazer um pedido basta escrever seu nome e seu desejo em um pedaço de papel colorido, atá-lo a uma laranja e atirar tudo para o alto da árvore. Se a laranja ficar presa em um dos ramos, seu pedido será atendido. Alguns afirmam que os visitantes têm apenas três chances de acertar, mas, se você dispuser de maior número de laranjas, as árvores certamente não vão tentar detê-lo.

TEMPLO SIK SIK YUEN WONG TAI SIN

Kowloon

As pessoas que desejam mudar a própria sorte (nas questões de saúde, negócios ou até mesmo no jogo) devem visitar esse templo, cujo nome foi herdado de um lendário pastor que inventou um remédio milagroso quando tinha apenas 15 anos de idade. O templo é famoso por seus adivinhos, cuja técnica preferida é a leitura de varetas numeradas. O consulente sacode um recipiente de bambu que contém 78 dessas varetas até conseguir derrubar uma delas. O adivinho verifica o número da vareta, consulta um roteiro de textos antigos e revela então o que está indicado para o futuro. Muito procurado em qualquer ocasião, esse templo torna-se ainda mais movimentado no ano-novo chinês, quando devotos de todas as regiões ali acorrem para queimar incenso e rezar por um ano bem-sucedido. Há quem chegue ao extremo de visitar o local à meia-noite da véspera de ano-novo na tentativa de ser o primeiro a receber os eflúvios positivos do ano recém-iniciado.

NA CHINA, A SORTE ESTÁ NOS NÚMEROS

Certos números, na cultura chinesa, têm fama de trazer ou não boa sorte conforme o som da palavra que os designa. Alguns deles carregam tamanha conotação positiva que muitas pessoas estão dispostas a pagar preços astronômicos pelas combinações favoráveis à placa de seu veículo ou ao número de seu telefone – e até mesmo pelo endereço "certo". Em razão da existência de centenas de dialetos em território chinês, o fator sorte varia de acordo com a região, mas há algumas regras que regem essas crenças. Veja a seguir os números mais importantes:

3

Sua pronúncia, *san*, é semelhante à da palavra que significa "vida", e isso o torna, portanto, um número sempre favorável.

6

O termo que o designa – *liu* – lembra a palavra "suave". É considerado de bom agouro porque seu som parece conter o presságio de que "tudo está tranqüilo" na vida e nos negócios. Se visitar a China, você verá o "afortunado" 666 nas vitrines de muitas lojas, o que talvez choque as pessoas que acreditam no Apocalipse e aqueles que têm fobia do número 6.

8

Com a pronúncia *ba*, esse é o melhor de todos os números, pois em mandarim e no dialeto cantonense seu som se assemelha ao da palavra "prosperidade" ou "fortuna". É, portanto, usado em todo o país para favorecer a boa sorte: o Banco da China sempre instala suas salas mais importantes no oitavo andar e o edifício mais alto da nação, a Torre Jin Mao, tem 88 pavimentos. Os habitantes de Hong Kong de origem cantonense dão especial valor ao número 8, que por isso ganha grande destaque em toda a extensão da ilha.

9

Sua pronúncia, *jiu,* lembra a palavra "durabilidade", e esse é considerado um número de sorte porque representa a longevidade em todos os aspectos da existência.

4

Eis um número temido em toda a Ásia porque soa como a palavra "morte" em muitas línguas faladas naquele continente. Empresas fabricantes de artefatos eletrônicos, tais como telefones celulares, eliminam com freqüência o número 4 dos nomes e códigos de suas linhas de produtos, assim como muitos edifícios evitam o quarto andar. O número 14 é ainda mais negativo para os cantonenses porque *sap sei* (a forma como se pronuncia) é perigosamente semelhante ao som da expressão *sat sei,* que significa "morte certa e iminente".

JAPÃO

FEIRAS TORI NO ICHI

Santuários Otori de todo o Japão

As feiras Tori no Ichi são realizadas nos "Dias do Galo", no mês de novembro, desde o século XVIII. O patrono da fortuna e dos negócios bem-sucedidos é entronizado como relíquia nos santuários Otori, e a feira principal tem lugar no Santuário Otori de Asakusa. Embora haja muita coisa curiosa nessas feiras, a maioria das pessoas as visitam com a intenção de comprar um kumade (ancinho de bambu) para trazer sorte aos donos e a seus negócios ao longo de todo o ano seguinte. Alguns freqüentadores mais experientes recomendam voltar à feira todos os anos para, como fazem alguns proprietários de carros, adquirir modelos sempre atualizados de ancinhos.

MONTE FUJI

Shizuoca

O panorama mais afortunado do mundo, para os japoneses, talvez seja a visão do amanhecer do alto do Monte Fuji. Essa montanha de 3.778 metros, a mais alta do país, tem grande relevância no psiquismo nipônico – é um símbolo nacional, um monte sagrado e reverenciado, que muitos nutrem o ideal de escalar. As pessoas também esperam sonhar com o Fuji no primeiro dia do ano-novo, pois isso significa boa sorte durante os doze meses seguintes. Você pode juntar-se ao grande número de aficionados que empreendem essa aventura todo ano, durante o verão, mas não se deixe enganar pelo entusiasmo deles, capaz de fazer qualquer um acreditar que a escalada seja fácil – trata-se, na verdade, de uma empreitada desafiadora e extenuante. É como diz o provérbio: "Um homem sábio escala o Fuji uma vez, mas apenas um tolo pretende fazê-lo duas vezes".

TEMPLO SENSOJI

Asakusa, Tóquio

Em Tóquio, pegue o metrô para o agitado distrito de Asakusa e visite o Templo Sensoji, protegido por Fujin, o deus do vento, e por Raijin, o deus do trovão. Antes de entrar, porém, acenda um bastão de incenso para que a fumaça resguarde você das doenças e lhe proporcione boa sorte. Dirija essa fumaça à parte de seu corpo que mais precisa de proteção – a cabeça, se você for estudante, o rosto, se for artista ou modelo, e assim por diante. Lave-se rapidamente, em seguida, com a água sagrada e estará pronto para percorrer o templo. Por uma pequena quantia, você poderá tirar a sorte entre as varetas numeradas contidas em um cilindro. Cada uma delas corresponde a uma das inúmeras gavetas, também numeradas, existentes em uma tenda instalada entre os portões e o templo. Se a sorte que puxar da gaveta for boa, conserve-a com você. Se, porém, for desfavorável, pendure-a nas prateleiras de metal próximas para neutralizar imediatamente a predição negativa.

DAIROKUTEN-NO-HADAKA MATSURI

(Festival da Nudez Enlameada)

Santuário Musubi-jinja de Yotsukaido, Chiba

Todo mundo nu atirando lama uns nos outros? Claro! Bem, na verdade, quase nu. Esse pequeno e congelado festival ocorre todos os anos, no dia 25 de fevereiro, com a finalidade de atrair boa sorte para os participantes, os espectadores, a comunidade e todos aqueles que se aproximarem ou ouvirem falar dele. Os cidadãos locais, vestidos apenas de tangas, encontram-se em um lago raso e gelado para lutar, atirar lama uns nos outros e oferecer um divertido espetáculo para a multidão reunida em redor. Eles costumam também pintar uma pequena marca de lama na bochecha dos bebês para lhes dar sorte (desde que os pais permitam). Com a mesma intenção, lançam um pouco de lama no rosto dos espectadores à medida que se aproximam ou se afastam das várias fogueiras acesas para aquecê-los durante a brincadeira. E as pessoas "alvejadas" ostentam orgulhosamente suas "condecorações" durante o resto do dia – talvez se considerem afortunadas por não estar correndo na lama, quase nuas e congeladas de frio, para divertir tanta gente pelo simples prazer de rir e honrar uma antiga tradição.

NO JAPÃO

Se você sonhar com o Monte Fuji, com falcões ou berinjelas na primeira noite do ano-novo, isso significa boa sorte nos doze meses seguintes.

Caso você goste de presentear alguém com conjuntos de velas, bibelôs ou travessas, por exemplo, dê os objetos em grupos de três ou cinco unidades, mas nunca de quatro.

Não corte as unhas à noite, pois se fizer isso, segundo a crença, seus pais morrerão antes que você os veja outra vez. Essa é a superstição, embora improvável, mais comum entre os japoneses.

Se algum parente seu fala durante o sono, deixe-o em paz. A tentativa de conversar com uma pessoa nessas condições apenas serve para atrair má sorte.

Se você quebrar seu pente ou a correia de suas sandálias, isso também significa má sorte.

Da mesma forma, evite usar sapatos novos à noite se quiser evitar a má sorte.

Nunca pise na borda de tecido dos tatames. Mesmo que esteja descalço, isso vai atrair má sorte.

Preste atenção na primeira pessoa que encontrar pela manhã. Se for uma mulher, você terá um dia de sorte; mas, se for um monge budista, seu dia será ruim.

A visão de uma aranha de manhã é sinal de boa sorte – apenas evite pisar nela. Mas, se você enxergar uma à noite, isso significa má sorte, portanto trate de esmagá-la.

Os homens devem esforçar-se muito para evitar a má sorte
aos 25 e aos 42 anos, enquanto as mulheres precisam tomar
todo o cuidado aos 19 e aos 33 anos.
Essas idades são chamadas de *yakudoshi.* A palavra *yaku* significa
"calamidade", e sem cautela, portanto, você pode entrar
em rota de colisão com o desastre.
Use peças de roupa vermelha: segundo a crença, isso pode ajudar.

Sirva mariscos nas ocasiões importantes para atrair
energias positivas, uma vez que *tai* ("marisco" em japonês)
faz parte da palavra *medetai* (boa sorte).

Esconda o polegar na mão fechada quando um
carro fúnebre passar por você.
Isso atrairá boa sorte para seus pais porque o polegar, em japonês,
é chamado literalmente de "dedo genitor". Se você, portanto,
o proteger do cortejo fúnebre, seus pais terão vida mais longa.

A serpente é um símbolo de dinheiro e fortuna no Japão,
portanto uma carteira de couro de cobra é uma ótima
idéia para atrair prosperidade.

Pinho, bambu e ameixas são considerados uma combinação
perfeita para atrair boa sorte, e a mesma crença vale para garças e
tartarugas. Quando der um presente de casamento,
prenda a figura de uma garça ou de uma tartaruga à fita da embalagem.
Isso trará boa sorte e vida longa ao matrimônio.

Vietnã
Laos
Mianmar
(ex-Birmânia)
Tailândia
Camboja

TAILÂNDIA

SANTUÁRIO ERAWAN

Bangkok

Esse pequeno santuário ao ar livre é um dos mais procurados do país graças aos milagres atribuídos ao local. Os visitantes ali acorrem, dia e noite, para pedir boa sorte nos estudos, nos negócios e em todos os demais aspectos da vida. As tradicionais dançarinas tailandesas estão sempre disponíveis, e você pode pagar para que executem sua arte diante do santuário, ajudando assim a dar realce a seu pedido. O local é dedicado a um deus brâmane chamado Than Tao Mahaprom, mas seu nome deriva de Erawan, o elefante de três cabeças montado pelo deus. Quando suas preces são atendidas, as pessoas retornam com oferendas em forma de elefantes de madeira (grandes e pequenos).

WAT PO — TEMPLO DO BUDA RECLINADO

Bangkok

Uma das atrações mais espetaculares da capital tailandesa é esse templo de 300 anos, o maior e mais antigo da cidade. Há, em seu interior, uma imensa estátua de ouro do Buda Reclinado – ali instalada há mais de 200 anos – que mede cerca de 15 metros de altura e mais de 45 metros de comprimento. Nesse recinto você poderá observar o costume tailandês de comprar um saquinho de moedas e colocar uma delas em cada um dos 112 potes que se alinham ao longo da estátua. Se quiser folhear sua sorte a ouro, compre uma pequena lâmina desse metal para acrescentá-la à já faiscante imagem de Buda.

SANTUÁRIO LINGAM

Bangkok

Esse templo, escondido atrás do Nai Lert Park Hotel, não prepara devidamente o visitante para o que o espera em seu interior: milhares de pênis. São esculturas de todos os tamanhos, cores e formas imagináveis, e algumas delas, tais como as que apresentam pernas e caudas, chegam ao nível do inimaginável. Conhecido também como Santuário Tuptim, o edifício foi construído originalmente para um espírito que, segundo a crença, habitava uma grande figueira-de-bengala existente no lugar. Em algum momento, os devotos passaram a levar oferendas em forma de símbolos fálicos ao santuário, e a idéia se difundiu. Hoje o templo regurgita, repleto deles, e não é de admirar que uma visita ao local favoreça tremendamente, segundo se diz, a fertilidade nas mulheres.

CORES DA SORTE NA TAILÂNDIA

Muitos tailandeses acreditam que cada cor é adequada a um dia da semana, e o fato de usar a cor certa no dia certo traz boa sorte à pessoa. Sua cor da sorte é aquela que corresponde ao dia da semana em que você nasceu, e há entre os tailandeses, sobretudo os homens, o costume de homenagear o rei Bhumibol Adulyadej usando uma camisa amarela nas segundas-feiras em honra do dia de seu nascimento. Quando for a Bangkok, você talvez sinta que seus dias serão melhores se seguir este roteiro de cores:

Segunda-feira: amarelo ou bege; terça-feira: rosa; quarta-feira: verde; noite de quarta-feira: verde-claro; quinta-feira: laranja ou marrom; sexta-feira: azul; sábado: roxo ou preto; e domingo: vermelho.

VIETNÃ

PAGODE PERFUME
Huong Son

Situado a poucas horas de Hanói, nas montanhas de Huong Son, o Pagode Perfume é um dos locais mais sagrados do Vietnã, acessível apenas de barco. Após uma viagem pitoresca ao longo de um rio que atravessa uma das regiões mais belas e preservadas do país, os visitantes são guiados, por uma antiga sucessão de degraus, até uma grande caverna de rocha calcária onde fica o santuário. A própria gruta tem fama de atrair boa sorte – desde a prosperidade humana até a saúde dos animais de estimação – que é atribuída a cada estalactite e estalagmite. Há, porém, uma estalactite que todos os anos atrai até a caverna, de forma bastante especial, milhares de casais: suas águas gotejantes, segundo a crença local, propiciam boa sorte àqueles que desejam conceber um filho.

TEMPLO DA LITERATURA
Hanói

Durante o mês de julho, o Templo da Literatura, erguido em Hanói há 940 anos, fica repleto de milhares de estudantes estressados que esperam passar nos exames de acesso à universidade. Esse templo é, a propósito, a universidade mais antiga do Vietnã, e os estudantes o freqüentam para queimar incenso e tocar as cabeças das 82 tartarugas sagradas de pedra, que representam os nobres vultos do passado da escola, na esperança de adquirir um pouco de sua boa sorte. Alguns deles chegam a fazer uma "refeição de bom agouro" de feijões-verdes na manhã do exame, pois no idioma vietnamita a palavra usada para designar "feijão" também significa "passagem". Os candidatos precisam de fato de muita sorte porque o número deles atinge, todos os anos, cerca de 1,8 milhão – e há apenas 300 mil vagas disponíveis nas universidades do país.

MIANMAR (ANTIGA BIRMÂNIA)

MONTE POPA
Popa

Trata-se da montanha mística mais reverenciada do país, morada dos nats, espíritos dos heróis folclóricos e dos nobres do passado. Desde tempos pré-budistas, os birmaneses empreendem peregrinações pelas encostas escarpadas desse vulcão extinto para fazer oferendas a eles no santuário principal, que herdou o nome de Min Mahagiri, o "deus da grande montanha". O panorama do alto do Monte Popa mostra-se espetacular, e o antigo templo é uma maravilha arquitetônica que ostenta imagens representativas dos 37 nats. Há, porém, certas coisas que é melhor evitar durante a escalada: não pragueje, não diga palavras negativas sobre outras pessoas, não use preto nem vermelho e, mais importante, não leve com você nenhum tipo de carne (sobretudo de porco). Qualquer erro cometido incorreria na ira dos nats, o que poderia acarretar uma onda de má sorte – a última coisa de que você precisaria depois de subir a montanha.

BUTÃO

FESTIVAL DE PARO

Paro

Imagine que você está no imenso pátio de um monastério fortificado e observa um grupo de monges que usam máscaras assustadoras e roupas de cores brilhantes enquanto executam movimentos de dança de precisão acrobática e representam a história e as lendas do budismo. Essas danças, conhecidas como cham, não são encenadas para divertir nem informar os turistas. Fazem parte de um antigo ritual sagrado que se mantém inalterado há séculos, e se você assistir a uma delas durante o tshechu, ou "festival tradicional", a sorte vai abençoá-lo – os devotos acreditam que a simples visão desse espetáculo tem o poder de atrair boa sorte e proteção contra os infortúnios. O Festival de Paro, realizado sempre na primavera, é a mais popular dessas manifestações. Vale a pena uma visita, pois toda a natureza da região se encontra em plena floração.

ÍNDIA

TEMPLO KARNI MATA

Deshnok

Esse templo está infestado de ratos, milhares de ratos – e eis justamente o ponto. Acredita-se, na região, que os roedores, conhecidos como kaba, abrigam a alma dos falecidos seguidores de Shri Karni Mata, que era a encarnação da deusa hindu Durga. Os ratos, grandes e escuros, são, por isso, adorados como divindades auspiciosas e têm total liberdade no templo, que percorrem em todas as direções, atravessando as salas, rastejando junto aos visitantes e tomando leite à vontade, servido em grandes recipientes rasos.

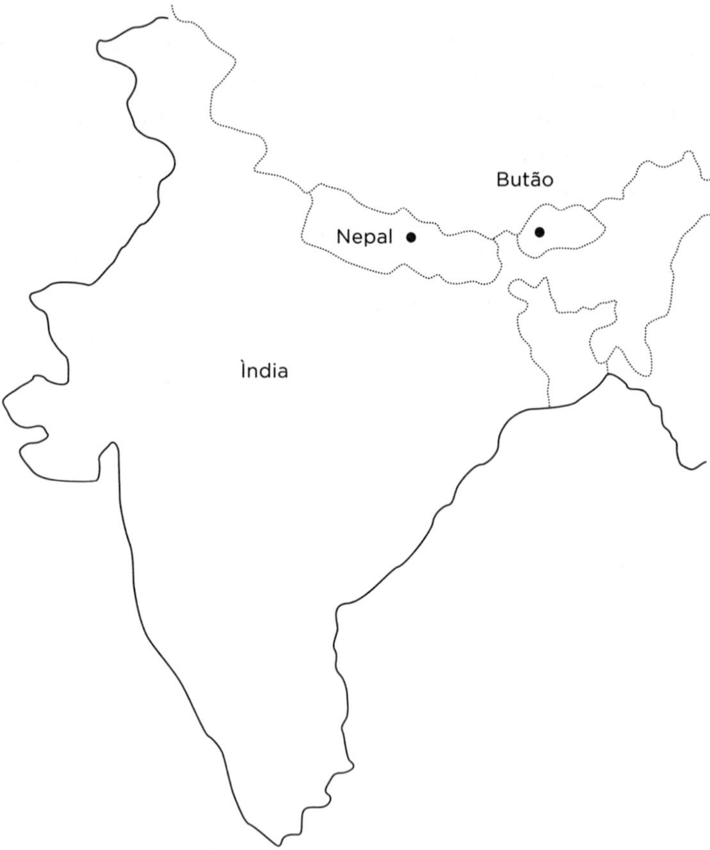
Butão
Nepal
Ìndia

Além disso, devoram toda a comida que recebem como oferenda. Porém há um exemplar muito especial que também habita o templo: um único rato branco. A visão desse esquivo roedor é considerada um sinal de boa sorte, e, se ele também olhar para você, sua sorte será ainda maior. Não é preciso dizer que, se for louco o bastante para fazer desse rato branco sagrado seu animal de estimação, você se tornará o mais afortunado dos seres humanos.

MONASTÉRIO TASHIDING

Sikkim

O belo estado indiano de Sikkim é um remoto paraíso perdido no Himalaia, vizinho do Tibete e do Nepal. Nessa região, você pode visitar o nobre Monastério Tashiding, que abriga um dos mais sagrados chortens do budismo. Chortens são estruturas tradicionais budistas construídas no sul da Ásia que lembram o estilo dos pagodes. Esse é conhecido como Thong-Wa-Rang-Dol, que literalmente significa "sua mera visão salva". Basta que você observe o local, e a simples visão dele limpará sua alma, lavando-a de todos os seus pecados, e ainda lhe proporcionará boa sorte. O monastério realiza também um festival anual conhecido como Cerimônia Bumchu, que atrai devotos de todas as regiões em busca dos benefícios trazidos pelas bênçãos da água sagrada do templo.

NEPAL

TEMPLO DE MUKTINATH

Distrito de Mustang

Numa altitude de cerca de 3.750 metros acima do nível do mar se encontra o Templo de Muktinath, ou o "Deus do Nirvana". Trata-se de um local sagrado de peregrinação tanto de hindus quanto de budistas, mostrando um exemplo notável do respeito mútuo e da harmonia com que duas religiões podem compartilhar no mesmo santuário. Acredita-se que os visitantes do templo, dedicado ao deus Vishnu, libertam-se de toda a infelicidade e de todas as suas tristezas. O segredo desse prodígio talvez esteja no pátio semicircular do santuário, onde 108 fontes de metal esculpidas em forma de cabeça de touro despejam um fluxo contínuo de água benta. Para os peregrinos que percorrem a longa trilha até Muktinath, as águas límpidas, restauradoras e geladas do Himalaia não apenas representam uma recompensa purificadora com também são capazes, segundo a crença, de lavar todo o karma negativo. O número 108 atrai boa sorte – na mitologia hindu e também na budista –, portanto, trate de banhar-se em cada uma das fontes. Se não puder suportar as temperaturas negativas da água no corpo inteiro, tente pelo menos um ligeiro borrifo de todas elas.

BOLÍVIA

O MERCADO DAS BRUXAS

La Paz

Se você tem problemas de qualquer tipo (e quem não tem?), dirija-se diretamente ao Mercado de las Brujas (o Mercado das Bruxas), em La Paz, para recuperar suas energias. Serpenteando ao longo da Calle Liñares, na parte antiga da cidade, agitada rua pavimentada de pedras, fica o ponto de encontro de curandeiros, benzedeiras e astrólogos, para onde os turistas afluem em bandos quando precisam de um novo sortimento de amuletos, talismãs, encantamentos e remédios. Você pode pedir que leiam sua sorte em folhas de palmeira ou abrir caminho entre as tendas sempre lotadas, onde bruxas amigáveis usando vestes coloridas e típicos chapéus redondos ficarão felizes em exibir suas mercadorias. Os maiores sucessos de vendas são sempre os fetos de lhama, já que, segundo a tradição, a maioria dos bolivianos coloca um deles nas fundações de suas casas para atrair boa sorte. Muitos costumam também queimá-los como oferendas para obter êxito nos novos negócios. Esse é, sem dúvida, um dos locais mais pitorescos que você poderá encontrar em todo o planeta.

para Cuba
Brasil
Bolívia

BRASIL

BOA SORTE NA VÉSPERA DE ANO-NOVO

O Brasil é o líder absoluto das comemorações de ano-novo no mundo inteiro. Das localidades mais modestas às grandes metrópoles, os brasileiros fazem muita festa para marcar a chegada de cada ano. Prova disso é a grandiosidade do espetáculo de fogos de artifício na Praia de Copacabana, no Rio de Janeiro, onde milhões de pessoas vestidas de branco se reúnem para entrar no mar, pular as ondas e saudar o ano-novo. Eis abaixo um guia de "simpatias", ou seja, pequenas regras sobre o que se deve ou não fazer para festejar o ano-novo segundo o estilo brasileiro.

VALE A PENA TENTAR

Coma lentilhas, carne de porco, tâmaras, nozes e castanhas.

Dê três pulos enquanto segura sua taça de champanhe – sem derrubar nenhuma gota – e depois lance a bebida para trás. Quem for atingido pelos borrifos terá boa sorte na certa.

Encha sua casa de flores amarelas para atrair prosperidade.

Coma uma romã e guarde sete sementes em sua carteira durante o ano inteiro para garantir boa fortuna e prosperidade.

Use apenas roupa branca. Esse costume teve origem nos rituais afro-brasileiros de candomblé, mas hoje em dia todos o adotam – seja qual for sua crença.

Levante a perna direita quando o relógio marcar meia-noite, no dia 31 de dezembro, para dar o primeiro passo e "entrar no ano-novo com o pé direito".

Durma em lençóis novos após a noite de festa e atraia boa sorte para seus relacionamentos.

Abrace e beije alguém à meia-noite. Se você estiver solteiro, faça isso com a pessoa mais próxima.

Vá à praia e pule sete pequenas ondas à meia-noite.

É PROIBIDO

Servir frango na ceia de ano-novo, pois isso não lhe trará abundância.

Começar o ano com o passo errado, abaixando primeiro o pé esquerdo.

Usar roupas velhas porque isso traz má sorte.

Usar roupas íntimas pretas ou que você mesmo tenha comprado.

Ficar sem moedas. Mantenha algumas moedas da sorte no bolso ou dentro do sapato.

Começar o ano com a casa suja ou desarrumada.

CÓDIGO DE CORES (APENAS PARA MULHERES)

As mulheres brasileiras acreditam que a cor da roupa íntima que usarem na véspera de ano-novo pode ajudá-las a realizar cada tipo de objetivo. Veja, no roteiro abaixo, como combinar as peças íntimas com seus maiores desejos.

VERMELHO	→	PAIXÃO
ROSA	→	AMOR
AMARELO	→	PROSPERIDADE
VERDE	→	SORTE
AZUL	→	TRANQÜILIDADE
VIOLETA	→	ESPIRITUALIDADE

SORTE CUBANA

Para atrair boa sorte, atire um balde de gelo com água pela porta de entrada de sua casa à meia-noite da véspera de ano-novo.

Quer ver São Lázaro (o protetor dos leprosos) feliz? Acenda um charuto e sopre a fumaça no rosto de uma imagem do santo – ele aprecia uma boa baforada.

Durante a fase da lua nova, pegue uma moeda e faça com ela o sinal da cruz enquanto olha para a Lua. Esse gesto garante boa sorte financeira.

Se você teme que determinada pessoa lhe faça algum mal, escreva o nome dela em um pedaço de papel, dobre-o e guarde-o no *freezer* para "congelar" eventuais surtos de má sorte.

Durante as tempestades, faça uma oração para Santa Bárbara, que se identifica com Iansã, o orixá feminino dos ventos e dos raios e trovões, e peça-lhe boa sorte e proteção.

Atire gelo no assoalho durante a faxina. Segundo a crença, isso acalma a casa e a purifica com vibrações de boa sorte.

Ponha moedas na terra dos vasos de samambaias e distribua-os em volta de sua casa para atrair prosperidade.

Faça um brinde segundo o estilo cubano: *"Salud, amor y pesetas!"* ("Saúde, amor e dinheiro!")

SORTE LATINA PARA A BAGAGEM

Em toda a América Latina, as pessoas que pretendem viajar adotam certos costumes na época de ano-novo para garantir a realização de seus desejos, assim como a melhor sorte nas muitas viagens futuras que esperam realizar. A origem dessa tradição é incerta, mas inúmeros latino-americanos praticam esse ritual de boa sorte. Assim, se você sonha com grandes viagens ou quer apenas sair da rotina, siga estas instruções simples e divertidas:

1. Pense no país (ou nos países) que gostaria de visitar no próximo ano.

2. Prepare a bagagem, antes da véspera de ano-novo, com todas as coisas necessárias para uma viagem a esse país. Se pensou nos Alpes suíços, por exemplo, não se esqueça dos agasalhos, das luvas nem dos pacotes de chocolate.

3. Na véspera de ano-novo, quando o relógio marcar meia-noite, pegue sua bagagem e dê uma volta no quarteirão com ela.

4. Se estiver muito ansioso para viajar, experimente dar três voltas pelo quarteirão, como fazem alguns, para reforçar a sorte.

5. Boa viagem!

AUSTRÁLIA

ULURU — PARQUE NACIONAL KATA TJUTA

Yulara, Território do Norte

Uluru, conhecido também como Ayers Rock, é o sítio mais sagrado dos aborígines australianos e está, adequadamente, situado bem no centro da Austrália. Na condição de maior conjunto monolítico do planeta, Uluru tem atraído milhões de visitantes, que ficam impressionados com as qualidades físicas e espirituais do local. O fato de visitar e, sobretudo, de sonhar com Uluru, segundo se diz, tem o poder de atrair boa sorte. Muitos, no entanto, que levaram para casa um pedaço de pedra como lembrança de sua experiência não foram tão afortunados. Milhares de fragmentos de rocha têm sido devolvidos, ao longo dos anos, aos responsáveis pela administração do parque nacional – e chegam de todas as partes do mundo. Os remetentes reclamam, de modo geral, ter sido perseguidos pela má sorte sob todas as formas, de problemas de saúde a fracassos matrimoniais, desde que removeram o respectivo *souvenir* do parque. Essas devoluções chegam, muitas vezes, acompanhadas de cartas com pedidos de desculpas, e – para evitar que os visitantes inexperientes cometam o mesmo erro – os administradores do parque decidiram expor uma seleção das retratações recebidas, ao lado dos fragmentos roubados, apelidados, em razão disso, de "pedras da consciência". Moral da história: visite o parque e aproveite o passeio, mas definitivamente não leve nenhuma pedra para casa.

ESTADOS UNIDOS

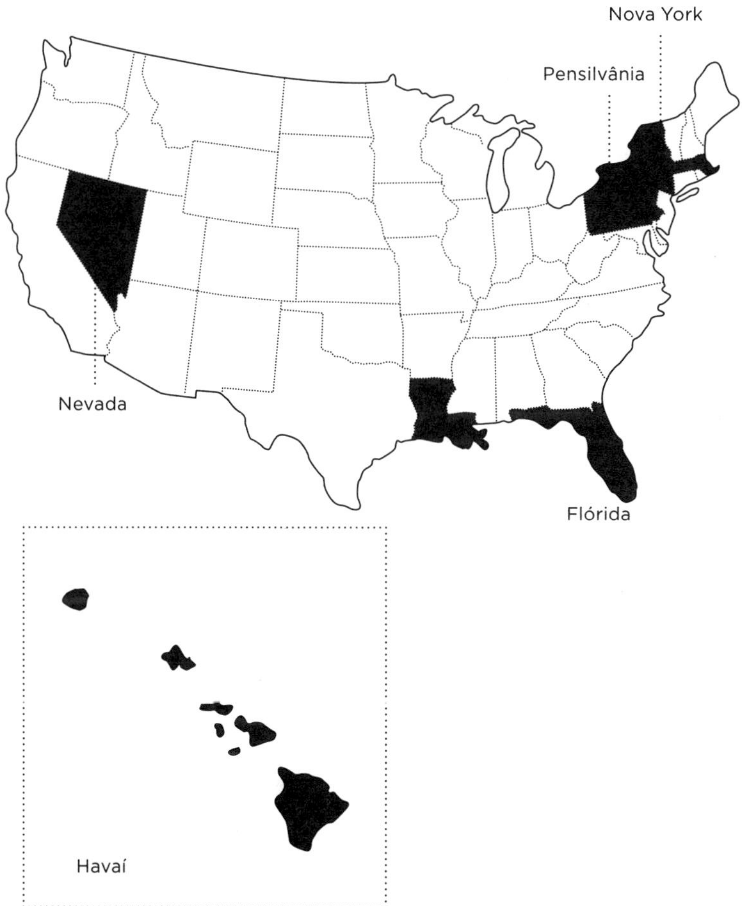

FLÓRIDA

A ÁRVORE DO AMOR

St. Augustine, Flórida

Oculta em uma esquina verdejante de St. Augustine, no número 6 de Córdova Street, está "a árvore do amor". Trata-se, na verdade, de duas árvores que parecem entrelaçadas, compondo um incrível testemunho de co-dependência botânica: uma palmeira desenvolvida no meio de um carvalho há mais de 125 anos. Segundo a lenda, se você beijar a pessoa amada debaixo dessas árvores, terá garantia de boa sorte nos relacionamentos românticos por toda a eternidade. Por 6 dólares a entrada, vale a pena tentar.

PENSILVÂNIA

TÚMULO DE BENJAMIN FRANKLIN

Filadélfia

Muitos visitantes seguem a tradição local de atirar uma moeda sobre a sepultura desse ilustre patriota para atrair boa sorte. Embora seja uma das mais simples do cemitério, você poderá encontrá-la com facilidade – basta procurar aquela que está coberta de moedas. Há uma frase famosa a ele atribuída: "Tostão economizado é tostão ganho". A frase verdadeira, no entanto, era: "Tostão economizado vale por dois". Ambas as citações, de qualquer modo, significam praticamente a mesma coisa, e isso nos leva a refletir no que ele pensaria sobre esse desperdício de moedas.

NEVADA

VEGAS BABY

Las Vegas

Nessa cidade, onde sua fortuna pode mudar com o lance de uma ficha, não faltam lugares em que é possível dobrar a sorte. Apresentamos cinco deles:

ESTÁTUA DE BUDA DO HOTEL E CASSINO CALIFÓRNIA

O ventre dessa feliz imagem de Buda rebrilha por causa dos milhões de toques recebidos, ao longo dos anos, de visitantes em busca de boa sorte. A estátua é muito popular, sobretudo, entre os turistas asiáticos, que a decoram com ornamentos ou deixam oferendas de moedas na esperança de que seus ganhos cresçam tanto quanto a reluzente barriga de Buda.

ESTÁTUA DAS "GAROTAS LOUCAS" DO HOTEL RIVIERA

Pesando mais de 700 quilos, essa estátua de bronze de Michael Conine, que representa sete coristas alinhadas em fila com o traseiro exposto, recebe os apelidos mais descarados. Os visitantes devem esfregar os brilhantes fundilhos das "meninas" e, por sorte, essa apalpadela não lhes custará uma bofetada nem a expulsão do local.

ESTÁTUA SEM CABEÇA DE LÊNIN DO MANDALAY BAY

Essa estátua decapitada deve sua condição aos muitos visitantes militares do local que se queixavam de sua presença no lado externo do restaurante Red Square do Mandalay Bay. Hoje em dia, é possível encontrar a cabeça de Lênin em um bloco de gelo mantido no *freezer* próximo ao bar do hotel. Segundo a tradição, uma palmada em seu corpo decapitado fará de você o supremo ditador de qualquer mesa de jogo.

SANTUÁRIO DE BUDA DO CAESAR'S PALACE

Se você tem fobia de germes, eis um local que não é preciso esfregar para atrair boa sorte. As partes dessa réplica de 4 toneladas do mais popular santuário budista da Tailândia foram construídas no país de origem e transportadas de navio para montagem no *resort*. É a única obra desse tipo encontrada no Ocidente. Acredita-se, portanto, que o visitante terá uma vida de prosperidade se expressar um desejo diante da estátua de Brahma ali existente.

ESTÁTUA DE ELVIS PRESLEY DO LAS VEGAS HILTON

Nenhuma visita a Las Vegas estaria completa sem uma homenagem ao Rei do Rock. Sua estátua de bronze em tamanho natural, esculpida por Carl Romanelli, domina a entrada do hotel, onde Elvis apresentou 837 espetáculos consecutivos, todos esgotados. Acredita-se que, se esfregar qualquer parte de suas pernas vestidas em calças boca-de-sino, você estará pronto para quebrar a banca!

NOVA YORK

O TOURO DE WALL STREET
Nova York

Trata-se da famosa escultura de bronze de 3,5 toneladas de um touro feroz em plena postura de ataque feita por Arturo DeModica. Os corretores de Wall Street costumam passar pela estátua todas as manhãs e esfregar determinado ponto de sua anatomia (que não é o focinho) para atrair boa sorte antes de iniciar mais um dia de trabalho. Se você tem negócio próprio, faça uma peregrinação ao Distrito Financeiro de Manhattan para esfregar o animal – talvez isso lhe dê a sorte necessária para "estourar" no mercado de ações.

SORTE HAVAIANA

Os turistas que visitam o Havaí costumam envolver-se tanto com a diversão, as praias, o surfe e a beleza local que esquecem o fato de que essas ilhas paradisíacas têm o próprio conjunto de regras de boa sorte. Apresentamos abaixo algumas sugestões essenciais para manter ao seu lado os deuses da fortuna.

Não remova das ilhas nenhuma pedra vulcânica. Segundo a crença local, isso provoca a ira de Pele, a deusa havaiana dos vulcões, e traz muita má sorte.

Cultive uma planta típica do Havaí, pois muitas delas proporcionam boa sorte para sua casa.

Não transporte carne de porco pela estrada de Pali, na Ilha de Oahu, se não quiser correr o risco de atrair má sorte (ou pelo menos problemas com o carro). De acordo com a lenda, a deusa Pele mantinha uma relação tumultuada com seu amante, o semideus Kamapua'a, meio homem, meio porco, e por isso os dois fizeram um acordo: cada um deles ficaria apenas na própria parte da ilha. Assim, se você levar carne de porco a Pali, também levará um pedaço de Kamapua'a para o lado da ilha que pertence a Pele – coisa que ela jamais permitiria nem perdoaria.

Não transporte bananas em nenhuma embarcação, pois isso atrai má sorte.

Para manter a boa sorte de seu lado, não use enfeites se estiver grávida.

Os arco-íris trazem boa sorte. O time de futebol da Universidade do Havaí (cujo nome anterior era Guerreiros do Arco-Íris) até hoje procura enxergar um arco-íris no Vale Manoa antes de uma partida, pois essa visão significa vitória garantida.

DESEJE-ME SORTE

Nunca se sabe, durante uma viagem, quando seria oportuno desejar "boa sorte" aos cidadãos locais no idioma da terra.

Africâner .... *Sterkte*

Árabe .... *Hathan mwafakan*

Australiano .... *You lucky bartard*

Catalão .... *Bona sort*

Chinês .... *Zhu ni hao yun*

Croata .... *Sretno*

Dinamarquês .... *Held og lykke*

Holandês .... *Veel geluk; 't beste*

Finlandês .... *Onnea*

Francês .... *Bonne chance*

Alemão .... *Viel Glück; Alles Gute*

Grego .... *Kali tihi; Kale tyche*

Havaiano .... *Maika'i Pomaika'i*

Hebreu .... *Mazal tov; B'hatzlacha*

Híndi .... *Shubh Kamnaye*

Húngaro .... *Sok szerencsét kivánok*

Islandês .... *Gangi pér vel*

Indonésio .... *Semoga Beruntung*

Italiano .... *Buona fortuna; In bocca al lupo*

Irlandês (gaélico) .... *Go n-éirí an t-ádh leat*

Japonês .... *Gambatte*

Coreano .... *Heng unid bimnida*

Lituano .... *Laimingai*

Malaio .... *Semoga Berjaya*
Norueguês .... *Lykke til*
Persa .... *Movaffag bashid*
Polonês .... *Powodzenia*
Português .... *Boa sorte*
Russo .... *Zhela (iu) (em) udachi*
Sérvio .... *Sa srecom*
Espanhol .... *Buena suerte*
Sueco .... *Lycka till*
Tailandês .... *Kor hai chok dee*
Turco .... *Iyi talih*
Vietnamita .... *Chue may man*
Iídiche .... *Zol zayn mit mazl*
Zulu .... *Ngikufisela iwela*

Depois de desejar boa sorte nos vários idiomas,
não se esqueça de bater na madeira para afastar qualquer
possibilidade de má sorte por ter dito isso antes de outras pessoas.

5
A SORTE DE CADA DIA

domingo	segunda-feira	terça-feira	quarta-feira	quinta-feira	sexta-feira	sábado
	1	2	3	4	5	6
7						13
14						20
21						27
28	29	30	31			

Este é um guia prático para atrair boa sorte à sua vida em cada situação e em todas as ocasiões. Se você pretende planejar um evento especial, começar um novo projeto ou simplesmente encontrar uma forma de melhorar a vida, as próximas páginas estão cheias de idéias que podem ser usadas para reforçar a boa fortuna. Mas não esqueça: não existem regras rígidas. Uma sugestão de sorte que se aplica a seu carro talvez também sirva para sua moto ou bicicleta, assim como determinada dica para ganhar uma partida de pôquer provavelmente se mostre adequada em outros tipos de jogo ou aposta.

GRANDES MOMENTOS DA VIDA

REGRAS DE NOIVADO

Então você pensa em se casar...

....

VALE A PENA TENTAR

Compre um anel de noivado que contenha a pedra da sorte da noiva.

Quer pedir seu namorado em casamento? A data ideal para isso é 29 de fevereiro, pois ocorre apenas de quatro em quatro anos. Trate, portanto, de não perder a oportunidade quando ela aparecer.

Escolha com cuidado o dia da semana em que vai propor casamento porque isso provavelmente terá influência no tipo de vida do futuro casal:
Segunda-feira = vida alegre e animada; terça-feira = vida calma;
quarta-feira = vida harmoniosa, sem brigas;
quinta-feira = vida bem-sucedida; sexta-feira = vida trabalhosa;
sábado = vida agradável; e nem pense nisso no domingo.

Embora seja difícil imaginar que você pudesse aceitar uma proposta de casamento vinda do melhor amigo de seu namorado, o fato de receber uma declaração desse tipo de outra pessoa (que não o noivo) sempre foi considerado de bom agouro.

Selem o compromisso de noivado brindando e bebendo juntos da mesma taça (com o dedo mínimo devidamente recolhido, porém).

Quebrem um prato ou um copo para simbolizar, com esse gesto, o rompimento com os dias de solidão.

É PROIBIDO

Fazer propostas de casamento dentro de veículos em movimento, barcos, trens ou nos domingos.

Comprar um anel de noivado que tenha opalas ou pérolas. As opalas são mutáveis e indicam instabilidade, enquanto as pérolas significam lágrimas futuras.

Comprar o anel sem medir com antecedência a largura do dedo da noiva. A necessidade de ajustar o anel de noivado traz má sorte.

Permitir a qualquer outra pessoa o uso do anel de noivado. Futuras noivas, vocês podem deixar que as amigas invejosas peguem seu anel, mas não admitam que o coloquem no dedo.

Perder ou quebrar o anel de noivado – isso é presságio de um desfecho infeliz.

Deixar-se fotografar entre o dia seguinte ao do noivado e o dia do casamento.

Aceitar ser padrinhos durante o período de noivado, sobretudo de batismo. Há um velho provérbio que diz: "Primeiro na pia batismal, nunca mais no altar".

Adiar a data do casamento quando já estiver marcada.

CASAMENTO

O fato de encontrar o amor de sua vida é com certeza maravilhoso, mas aqui vão algumas sugestões para garantir que o casamento comece da melhor maneira possível.

VALE A PENA TENTAR

Evite casar-se após o pôr-do-sol.

As noivas que têm gatos devem alimentá-los antes de sair de casa no dia do casamento, pois isso traz boa sorte.

Fitas com laços e nós são acessórios do buquê de noiva porque prendem e mantêm o amor.

A noiva deve usar alguma coisa velha, outra nova, uma terceira emprestada e por fim uma azul. Se o noivo lhe der uma moeda para pôr no sapato, a sorte será dobrada.

Um alfinete retirado do vestido da noiva significa boa sorte para a pessoa que o obtém – desde que a própria noiva não precise mais dele!

Flores de laranjeira presas nos cabelos ou no véu da noiva são mensageiras de boa sorte, mas a árvore da qual forem retiradas precisa dar frutos e flores ao mesmo tempo.

A sorte será mais generosa para o novo casal se os participantes do cortejo do casamento entrarem na igreja e no altar no sentido horário.

O ritual de atirar arroz ou confete nos noivos é considerado de bom agouro, sobretudo no aspecto da fertilidade.

É recomendável desatar os cadarços dos sapatos do noivo antes que ele passe pela nave da igreja para garantir o sucesso de seu desempenho na noite de núpcias – mas não se esqueça de avisá-lo!

O costume de atirar sapatos velhos atrás dos noivos ou de amarrá-los (assim como algumas latas vazias) no pára-choque do carro deles também proporciona sorte.

O buquê e a grinalda da noiva são símbolos de boa sorte para moças e rapazes que estão em busca de um par, assim como o gesto de tocar os noivos.

Os noivos devem, juntos, cortar o bolo do casamento, e a mão dele precisa cobrir a dela. Isso trará felicidade e fortuna, que ambos poderão compartilhar.

O bolo não deve faltar na festa de casamento! Ele simboliza a fortuna e atrai boa sorte a todos os que receberem uma fatia.

O noivo deve entrar no novo lar levando a noiva no colo na noite de núpcias. Esse gesto deve repetir-se na volta da viagem de lua-de-mel.

Guarde no *freezer* a camada superior ou uma grande fatia do bolo para comê-lo com seu marido no dia do primeiro aniversário de casamento – isso atrai boa sorte.

É PROIBIDO

Sair (noiva e noivo) de casa, no dia do casamento, pela porta dos fundos.

Cruzar com um cortejo fúnebre a caminho da cerimônia de casamento.

Permitir que a noiva se veja no espelho em seu traje completo antes do dia do casamento.
É preferível que falte uma luva ou outro detalhe qualquer.
Além disso, ela nunca deve experimentar o véu e o vestido ao mesmo tempo.

Deixar que o noivo veja a noiva pronta para o altar antes da hora do casamento.

Derrubar as alianças – sobretudo durante a cerimônia, o que é considerado de muito mau agouro.

Recusar uma fatia do bolo de casamento (isso atrai má sorte para os noivos e para a pessoa que rejeita o bolo).

Dar facas ao casal como presente de casamento.

Aceitar ser dama de honra mais de duas vezes (segundo o ditado: "Três vezes dama de honra, jamais noiva").

Se você não puder recusar o terceiro convite, dê sete chutes para transformar o azar em boa sorte.

LUA-DE-MEL

Não é por acaso que a mais significativa tradição de boa sorte ligada ao casamento se chama justamente "lua-de-mel". Mas há também outros costumes a seguir.

VALE A PENA TENTAR

Havia no passado, entre os noivos, a tradição de tomar hidromel (bebida fermentada feita de mel) durante o primeiro ciclo lunar completo posterior ao casamento, por isso os casais modernos também poderão atrair boa sorte se acrescentarem mel a qualquer bebida que tomarem (como chá ou limonada) nos trinta primeiros dias da vida em comum.

Os noivos devem fechar e trancar a porta na noite de núpcias para evitar desentendimentos.

Viaje até as Cataratas do Iguaçu (ou qualquer outra grande cachoeira) e atire uma moeda nas águas para atrair boa sorte ao seu casamento.

Você quer viajar em lua-de-mel para um local um pouco mais exótico do que o interior do estado? Para conseguir isso e ter um casamento feliz, jogue uma moeda em uma fonte ou em qualquer outro manancial de água pensando na lua-de-mel de seus sonhos.

É PROIBIDO

Revelar a quem quer que seja o lugar onde você vai passar sua lua-de-mel. Dormir antes do cônjuge na noite de núpcias. Quem fizer isso será o primeiro a morrer. Mas, a propósito, quem está pensando em dormir?

CONCEPÇÃO, NASCIMENTO E BEBÊS

Nada se compara à alegria de trazer ao mundo uma nova vida, cheia de boa sorte e de vibrações positivas.

VALE A PENA TENTAR

As rãs são símbolos de fertilidade e abundância, e isso se deve à grande quantidade de ovos que põem em cada desova.
Adquira, portanto, um amuleto em formato de rã e mantenha-o perto de sua cama caso esteja tentando conceber um filho.

As gestantes devem atirar para trás três pitadas de sal pouco antes do prazo previsto para o nascimento do futuro bebê se quiserem facilitar o trabalho de parto.

Um bebê que nasce "sentado" é, segundo a crença, extremamente afortunado.
O mesmo ocorre com os primogênitos e com as crianças que vêm ao mundo envolvidas no cordão umbilical ou no saco amniótico (o que parece mais grave do que realmente é).

Destranque portas e janelas e desfaça todos os nós de roupas, sapatos e tapeçarias para facilitar o trabalho de parto.

Embora nada se equipare a uma boa anestesia, mantenha uma faca sob a cama da futura mãe para aliviar as dores do parto.

Tenha cuidado ao escolher o nome de seu bebê. Um nome ruim ou inadequado sem dúvida trará má sorte. Não sabemos exatamente o que vem a ser um "mau" nome, mas acreditamos que, caso seu sobrenome seja "Pinto", por exemplo, não convém batizar seu filho de "Décio".

Procure "subir" com o recém-nascido antes de "descer" com ele. Se a criança nasceu em um sobrado ou andar alto, por exemplo, escale os degraus de uma escada de armar ou suba em uma cadeira com ele no colo (com muito cuidado!) antes de levá-lo para o pavimento inferior ou para o térreo.

O primeiro espirro do bebê traz boa sorte, pois afasta todo o mal.

Procure fazer com que uma pessoa bem-humorada seja a primeira a beijar seu filho recém-nascido para que ele cresça afortunado e feliz.

Qualquer pessoa que beijar um recém-nascido terá boa sorte.

Se você cobrir seu bebê com uma manta velha, vai envolvê-lo também com boa sorte.
Vista o bebê pelos pés, e não pela cabeça.

Se você convidar amigos e parentes para ver seu filho recém-nascido, não deixe de lhes oferecer alguma coisa para comer ou beber.

Dê a um bebê recém-nascido, como presente, um pão, um pouco de sal e um ovo ou algum objeto de prata, o que sem dúvida é mais duradouro.

Para que a vida do bebê comece da melhor forma possível, dê a ele uma moeda de prata.

Guarde em segurança a primeira mecha de cabelos que cortar de seu bebê – isso vai proporcionar proteção e sorte durante toda a vida dele.

É PROIBIDO

Tricotar roupas para bebês antes que a futura mãe fique grávida.

Comprar um presente para um bebê que ainda não nasceu.
Isso é abusar da sorte.

Medir ou pesar o bebê (embora o médico possa fazê-lo sem problemas).
Isso também é considerado uma provocação à sorte.

Elogiar a beleza do bebê e chamá-lo de "anjinho",
pois essa é outra forma de abusar da sorte.

Deixar o bebê diante do espelho
antes de completar 1 ano de idade.

A COMPRA DA PRIMEIRA CASA

As mudanças quase sempre significam renovação e uma oportunidade de recomeçar. Apresentamos aqui algumas formas de garantir boa sorte em sua nova casa.

VALE A PENA TENTAR

Se você construiu a casa, não deixe de fazer uma cerimônia de inauguração e coloque uma planta, por exemplo, no ponto mais alto do telhado quando a obra estiver completa.

Para atrair boa sorte, é aconselhável deixar algum detalhe por terminar – mesmo que seja apenas a última pincelada de tinta em um ângulo qualquer, por exemplo, ou a falta de um pequeno elemento de decoração.

A mudança para um andar mais alto do mesmo prédio traz boa sorte.

Mude-se para sua casa nova em uma segunda ou quarta-feira.

Entre na casa pela porta da frente – e com o pé direito.

Percorra todos os cômodos da nova casa levando nas mãos um pão e um prato de sal – ou, melhor ainda, faça isso com pão e sal que você ganhou como presente de inauguração.

Pendure uma bolota de carvalho na janela.

Compre um peixinho dourado.

Instale uma estatueta de elefante no lado externo da casa, voltada para a entrada, ou pendure uma ferradura sobre o batente da porta.

É PROIBIDO

Mudar-se para um andar mais baixo do mesmo prédio de apartamentos.

Mudar-se para uma casa onde você já morou anteriormente.

Fazer sua mudança na sexta-feira ou no sábado. A sexta atrai má sorte e o sábado significa uma estada curta, o que seria péssimo caso você encontrasse a casa de seus sonhos.

Levar uma vassoura velha para uma casa nova.

Entrar na casa nova pela porta dos fundos ou de mãos vazias.

Varrer completamente a casa da qual você vai sair.
Se não puder evitar isso, deixe alguma pequena sujeira para trás. Limpar todo o "pó da sorte" traz má sorte.

A VENDA DA CASA

Na hora da mudança, enterre uma imagem de São José no lado externo da casa. Existem variações desse ritual, e você talvez prefira tentar todas elas – só por segurança. Assim, enterre a imagem:

....

De cabeça para baixo.

Na frente da casa, perto do anúncio de "Vende-se".

No quintal da casa, talvez em um canteiro de flores.

Deitada de costas – apontando a casa como uma flecha.

Voltada na direção da casa.

Voltada na direção oposta à entrada da casa.

Nos fundos da casa, a 90 centímetros da porta traseira.

Exatamente a 30 centímetros de profundidade.

RELACIONAMENTOS

AMOR, SEXO E NAMORO

Melhore sua sorte.

VALE A PENA TENTAR

Os homens devem usar um talismã do tipo *corno* (chifre) ou *palad khik* (honorável pênis substituto), feitos sob medida para evitar problemas na hora da verdade.

Os rapazes cabeludos estão com sorte. Parem, portanto, de depilar as costas e tratem de regalar-se com as prováveis vantagens de sua condição.

Use nos cabelos uma fita vermelha atada com um laço para prender e conservar o amor.

Desate todos os nós e laços de seu ninho de amor para garantir um desempenho bem-sucedido.

Acenda uma vela e espete nela alguns alfinetes enquanto pensa no objeto de seu amor – isso vai atrair a pessoa em questão.

Embora a maioria suspire ao pensar na aproximação do Dia dos Namorados, comemorado em 12 de junho, aqui no Brasil, não se esqueça de Santo Antônio, o famoso santo casamenteiro, cujo dia é 13 de junho, e garanta sorte no amor.

Na próxima vez que surgir a oportunidade, pule uma fogueira (quando não houver mais chamas, mas apenas brasas) – isso atrai sorte no amor.

Dê uma chave (real ou simbólica) para a pessoa amada e vocês terão sorte no amor.

Beije alguém na véspera de ano-novo se quiser ser beijado durante os doze meses seguintes.

Pegue um ramo de louro, quebre-o pela metade, fique com uma parte e dê a outra à pessoa amada. Enquanto vocês as conservarem, seu amor só vai crescer.

É PROIBIDO

Começar um namoro ou até mesmo marcar um encontro na sexta-feira.

Dar uma *Bíblia* de presente (nem imaginamos o motivo) ou um par de sapatos, pois isso encorajaria a pessoa a afastar-se e não voltar mais.

Fazer uma promessa à luz do luar, pois jamais poderia ser cumprida.

Beijar quando um dos dois estiver sentado ou de pé, atrás do outro. Ambas as posturas atraem grande má sorte.

CARTAS DE AMOR

*Se você gosta de registrar seus pensamentos no papel,
ficam aqui alguns conselhos para usar na hora de escrever as cartas de amor.*

Escreva sempre à mão e com tinta (não use lápis nem computador).

Suas mãos tremem enquanto escreve?
Isso significa que o destinatário também ama você.

Nunca faça propostas de casamento em suas cartas de amor.

Sele e subscreva corretamente suas cartas de amor,
pois o contrário pode ser uma provocação à má sorte.

AMIZADE

Você já é bastante afortunado por ter bons amigos,
e aqui vão algumas sugestões para conservá-los.

VALE A PENA TENTAR

Pulseiras feitas com uma seqüência de nós (conhecida forma de prender e conservar amores e afetos) podem ser dadas como presente aos amigos para reforçar vínculos emocionais.

Compartilhe o mesmo pedaço de goma de mascar com seu melhor amigo (ou amiga) para assegurar vida longa ao relacionamento.

Se você e seu amigo disserem alguma coisa ao mesmo tempo (o que ocorre com freqüência entre bons camaradas), isso é sinal de boa sorte. Ambos devem então cruzar o dedo mínimo e fazer um pedido.

É PROIBIDO

Dar facas, tesouras ou agulhas de tricô de presente aos amigos. Esses objetos cortam os laços de amizade.

Presentear seu amigo com um par de luvas – a menos que você esteja procurando briga.

Nunca dê sabonetes a seus amigos. Eles não apenas lavam a sujeira como também apagam a amizade.

ANIMAIS DE ESTIMAÇÃO

A escolha de um bichinho de estimação por suas propriedades benéficas é potencialmente problemática.

CACHORROS 	O "melhor amigo do homem" transmite mais sorte do que os gatos. Embora os cães negros despertem quase tanta suspeita quanto os gatos pretos e o uivo de um cão seja considerado um sinal de morte, o fato de um cachorro desconhecido seguir você na rua ou se aproximar de sua casa indica boa sorte. O mesmo vale quando, a caminho de uma reunião de negócios, você encontrar um cão malhado.
PEIXES DOURADOS 	Eles são pequenos e dóceis membros da família das carpas, além de fazer excelente companhia aos seres humanos. Egípcios, gregos, chineses e japoneses criaram esses peixes durante séculos na crença de que trazem boa sorte para as casas. O mais valorizado deles hoje, sobretudo na Ásia, é o arowana, considerado um verdadeiro ímã aquático de dinheiro.

RÃS

Apesar de sua aparência, as rãs são ótimas mascotes. Os romanos acreditavam que os amuletos em forma de rã favoreciam o amor e a amizade, e muitas culturas consideram presságio de boa fortuna a presença de um desses bichinhos dentro de casa. Se você gosta de jogos, saiba que as rãs também têm fama de atrair boa sorte nos dados. Mas há um problema: cuide bem de seu amiguinho anfíbio porque deixá-lo coaxar é sinal de má sorte.

GATOS

Os gatos não são muito bem-vistos nas questões de superstição. Os pretos, os brancos e os que nasceram em maio têm fama de atrair má sorte. Não se deve permitir que fiquem perto de bebês nem que atravessem palcos, tampouco é bom sinal sonhar com eles. Os egípcios, como sabemos, adoravam os gatos – e os japoneses, assim como as viúvas dos marinheiros, consideram de bom agouro os bichanos pretos e os desconhecidos, enquanto os indonésios acreditam que os malhados têm essa mesma qualidade. As características mais favoráveis desses felinos parecem ser suas sete vidas – embora, em razão da reputação de "azarados" que eles têm, essa, afinal de contas, talvez não seja uma vantagem tão grande.

ESTUDO E TRABALHO

ESCOLA E EXAMES

Tempos de estudante, doces e dourados dias...
Veja a seguir algumas sugestões.

VALE A PENA TENTAR

Escolha roupas íntimas favoráveis. Experimente a estampa de um super-herói nas meias ou costure no cós da calcinha ou da cueca uma etiqueta com a nota que você gostaria de tirar – e use-as nos dias de prova.

Coma uma tira de pão de fôrma e um ou dois ovos fritos na manhã do dia do exame.
Arranje-os no prato de modo que formem o número 10 ou 100 – para atrair boa sorte.

Ouça músicas inspiradoras, talvez o tema de um filme que marcou você.

Evite pessoas e lugares de vibrações negativas.

Use um talismã para atrair boa sorte. Caso precise de um novo, escolha Ganeça, o deus hindu da sabedoria e da fortuna. A figura desse poderoso elefante em sua carteira ou em seu bolso ajudará você a superar com sucesso qualquer obstáculo educacional.

Entre na sala de aula com o pé direito para garantir a melhor sorte possível.

Adote um ritual próprio de boa sorte repetindo todas as ações executadas na última vez em que você se saiu bem nas provas: fazer ou não a barba, ver ou não determinado programa de TV ou filme, escolher este ou aquele trajeto para ir à escola, e assim por diante.

Dê três voltas em torno de sua carteira antes de sentar-se para fazer uma prova.

Sente-se no lugar de sempre.

Dobre a sorte usando sua caneta ou seu lápis preferido.

É PROIBIDO

Cantar antes de tomar o café da manhã nos dias de exame: isso traz má sorte.

Deixar cair os livros a caminho da sala de aula, pois isso significa que você vai cometer erros na prova.

Olhar fixamente para o professor (a menos que saiba todas as respostas) porque essa atitude o levará a fazer perguntas para você.

SORTE CIBERNÉTICA

É importante que todas as suas atividades no computador, como trabalho, bate-papo, jogos ou compras, estejam cercadas de vibrações positivas. Embora as regras se apliquem ao mundo virtual, há certas coisas que você pode fazer para garantir sua e-sorte.

VALE A PENA TENTAR

Salve a memória de seu computador com um "USB Memory" (brincadeira baseada no talismã japonês omamori para atrair boa sorte tecnológica).

Crie um salva-tela que lhe permita bater virtualmente na madeira sempre que você tiver necessidade disso.

Execute um sacrifício animal para pacificar os deuses da boa sorte eletrônica. Baixe a imagem de um cabrito ou de uma vaca apenas para deletá-la em seguida.

Faça um personagem de *videogame* que você controla desempenhar um ritual de boa sorte (pular, saltar, correr ou andar em círculos ou qualquer outra coisa de sua preferência) antes de dar início a uma atividade importante ou arriscada.

Embora os camundongos representem quase sempre uma imagem negativa, transforme o *mouse* do computador em sua mascote arranjando para ele uma "namorada" que lhe faça boa companhia.

É PROIBIDO

Abusar da sorte contando vantagem sobre o bom desempenho de seu computador ou deixando de salvar regularmente seus documentos.

Aderir a correntes virtuais, sobretudo se a finalidade for pedir dinheiro. Esses *e-mails* servem apenas para extorquir os destinatários mais impressionáveis com ameaças de má sorte. Lembre-se: a fortuna não responde a chantagens.

Cometer fraudes. Agir como *hacker* corresponde a invadir um edifício pela porta dos fundos, e isso sempre atrai má sorte.

Digitar uma carta de amor. Qualquer sentimento importante deve ser escrito à moda antiga, isto é, à mão e com tinta.

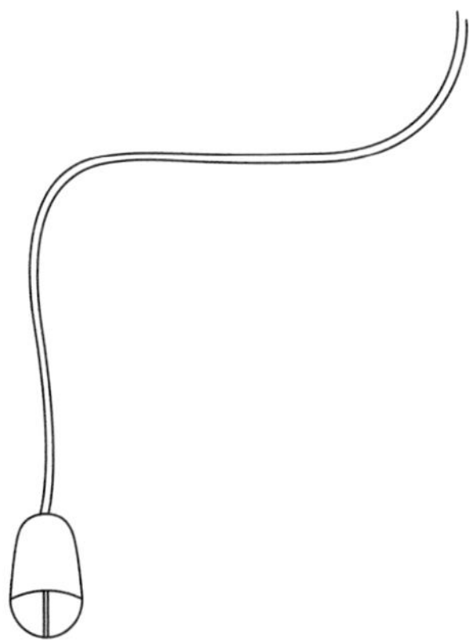

NO ESCRITÓRIO

Seja você um simples principiante ou um líder experiente que já exerceu vários cargos de chefia, sempre é possível reforçar a sorte na carreira incorporando algumas regras à rotina profissional.

VALE A PENA TENTAR

Se você tiver de tomar uma decisão profissional difícil, faça isso em uma quinta-feira.

A estatueta de um porquinho dourado sobre sua mesa garante a dedicação dos empregados. Da mesma forma, a imagem de uma fênix sempre favorece as iniciativas da empresa.

Evite sentar-se em alinhamento com uma porta ou um longo corredor, pois ambos podem "sugar" a boa sorte do ambiente.

Pelo mesmo motivo, não é bom sentar-se de frente para uma série de armários nem portas de toaletes, sempre carregados de má sorte.

Atenda logo o telefone: deixá-lo tocar inutilmente atrai má sorte (e péssimos negócios). O mesmo acontece quando você atende e ninguém responde no outro lado da linha, mas não há nada que se possa fazer para evitar isso.

Quando tiver uma reunião ou apresentação importante, não vacile: vista suas melhores roupas, use sua caneta da sorte e beba em sua caneca da fortuna.

Caso divida o escritório com outra pessoa, procure dispor as mesas lado a lado para garantir o bom fluxo de energia positiva (e de sorte) entre você e seu parceiro (ou parceira).

Prefira sentar-se de frente para a entrada do escritório, com as costas voltadas para a parede, uma vez que essa é a posição ideal de "comando". Se não for possível, evite pelo menos ficar de costas para a porta. Tenha sempre à mão seu talismã preferido para que o ambiente de trabalho se mantenha de bom agouro.

Traga alguma vegetação para seu escritório, como planta-jade e árvore-da-felicidade, ou compre um *kit* para cultivar um canteiro de trevos-de-quatro-folhas. Esse recurso não é tão eficiente quanto a descoberta dessas plantas na própria natureza, mas quem dispõe de tempo para procurá-las hoje em dia?

É PROIBIDO

Provocar a sorte discutindo a conclusão de um projeto, uma promoção ou um aumento de salário antes que se concretizem.

Voltar a usar no trabalho peças de roupa que você vestiu em uma apresentação malsucedida ou no dia em que foi despedido da empresa anterior.

Permitir o acúmulo da desordem, já que ela bloqueia o fluxo das energias positivas e, portanto, da boa sorte.

Vestir roupas verdes ou usar essa cor no logotipo ou na embalagem de um produto importante. O verde não atrai sorte nos negócios.

Deixar de consertar ou substituir objetos quebrados e equipamentos enguiçados, sobretudo problemas de encanamento. A última coisa de que você precisa, afinal de contas, é ver seu fluxo de caixa "entupido".

NEGÓCIOS

O que Donald Trump tem de tão especial além de cabelos esquisitos? Boa sorte nos negócios! Para comprar e vender ou convencer alguém a comprar e a vender, todos nós precisamos dessa força extra.

VALE A PENA TENTAR

Tenha cuidado na escolha do nome de uma nova empresa: um mau nome significa maus negócios.

Assine contratos de longo prazo. Isso confere estabilidade e ajuda o dinheiro a encontrar você.

Procure inaugurar seus negócios na fase da lua nova.

Escolha uma mascote, que pode ser um objeto, uma pessoa ou um animal. Seja o que for, esse "companheiro" com certeza vai trazer boa sorte a você – desde que todas as suas transações sejam corretas.

Mantenha sempre à mão todos os seus talismãs favoritos (pés de coelho, trevos-de-quatro-folhas, ferraduras e assim por diante).

Presenteie seus amigos com uma ferradura de flores, no dia da inauguração dos novos negócios deles, para lhes dar boa sorte.

Depois de efetuar uma venda, devolva ao comprador alguns trocados. Esse é o conhecido "dinheiro da sorte" e sempre favorece qualquer transação.

Um talismã do tipo maneki neko ("o gato que chama") colocado na janela do escritório vai atrair muitos clientes.

Mantenha um pedaço de hematita, jaspe ou citrino na caixa registradora, pois os três minerais têm o poder de atrair mais dinheiro.

Anote sempre sua primeira venda semanal: se ocorrer antes das 9 da manhã de segunda-feira, você terá boa sorte pelo resto da semana.

Assopre o primeiro dinheiro que receber para afastar dele qualquer traço de má sorte. Em seguida, dê-lhe um beijo ou uma cuspida para que traga mais dinheiro ainda.

Esfregue o dinheiro a ser usado como troco na primeira venda da semana para evitar que a boa sorte vá embora com ele.

Sele a conclusão de um negócio com um aperto de mãos ou um brinde. Essa pequena celebração simboliza unidade de propósitos e boa sorte mútua.

Preste atenção naqueles que você vê quando sai a trabalho. Se encontrar duas vezes uma pessoa, isso é sinal de boa sorte. Melhor ainda se encontrar a mesma pessoa ao sair e novamente ao voltar.

É PROIBIDO

Fazer transações desonrosas. É o mesmo que suscitar a desaprovação dos guardiões de sua mascote, e isso sem dúvida provocará perdas, acidentes e outros reveses.

Mudar o endereço de sua empresa ano após ano – o dinheiro terá dificuldade de encontrar você.

Assinar contratos na sexta-feira ou, pior ainda, na sexta-feira 13.

Negligenciar a primeira transação do dia porque isso poderá arruinar todas as outras.

Elogiar demais um produto que você tenta vender. Isso, com certeza, vai atrair má sorte.

CONFRONTOS

Embora você talvez julgue que os confrontos sejam coisas do passado, o competitivo mercado de trabalho atual comprova que isso não ocorre apenas no cinema, e sim nos escritórios, nos tribunais e no comércio em geral.

VALE A PENA TENTAR

Acrescente canela a seu cappuccino – assim estará plenamente acordado e aquecido para enfrentar qualquer duelo verbal.

Escolha o dia e a hora que lhe são mais favoráveis para marcar reuniões ou negociações importantes. Prefira a terça-feira, mais propícia a confrontos e competições, ou a quarta-feira, que, segundo a crença, é o melhor dia da semana.

Adote o V (de "vitória") como símbolo pessoal de triunfo e estampe essa letra em suas roupas íntimas preferidas.

Você pode também ouvir a *Quinta Sinfonia* de Beethoven antes do evento. Por quê? Porque o grande músico alemão se inspirou na letra V do código Morse para compor os acordes básicos do primeiro movimento dessa obra-prima, que lhe proporcionará um estado mental positivo e vitorioso.

Se você não aprecia música erudita, experimente ouvir outras canções inspiradoras de sua preferência.

É PROIBIDO

Usar verde. Essa é uma cor desfavorável a quaisquer transações importantes e sugere que você não sabe o que está fazendo.

Apertar a mão de outra pessoa através da mesa ou da escrivaninha, assim COMO USAR a mão esquerda nesse gesto.

Sentar-se de costas para a porta. Essa é uma posição que atrai má sorte e deixa você vulnerável a ataques.

LAZER

ESPORTES

Algumas regras de boa sorte valem para todos os esportes.

VALE A PENA TENTAR

Passe por um casamento a caminho de uma partida.

Chegue depois do adversário a um jogo ou uma luta, isso atrai mais sorte do que chegar primeiro.

Quando se aprontar para uma partida, comece sempre pelo lado direito: tênis, chuteira, patim, luva, seja o que for, o lado direito deve ter preferência sobre o esquerdo.

Chute três vezes a trave antes do início de cada jogo.

As refeições que precedem cada partida devem ser sempre iguais.

Bata três vezes a bola no centro do campo ou da quadra antes de começar a jogar.

A bola deve ser passada do jogador mais velho ao mais jovem antes da partida, e este, para atrair boa sorte, precisa pegá-la ainda no ar.

Se você gosta de praticar esportes perigosos ou radicais, use turquesa (a pedra ou a cor) para se proteger.

É PROIBIDO

Fazer sexo antes de um jogo importante!

Cruzar com um cortejo fúnebre a caminho de uma partida.

A IMPORTÂNCIA DO ESPÍRITO DE EQUIPE

Com ele, seu time sempre vence.

VALE A PENA TENTAR

Use as cores do time nos dias de jogo.

Se seu time vencer, não faça a barba. Deixe isso para o dia em que ele perder.*

Não se deve mudar o que está dando certo, e isso inclui o boné, a camiseta, as roupas íntimas e as meias que você usava quando seu time venceu.

Torça e cante para espantar a má sorte. Grite com o televisor, isso também ajuda.

Inverta a posição de seu boné para melhorar a sorte do time.*

Estacione no mesmo lugar – seu carro no pátio ou seu traseiro no sofá – antes do início da partida.

É PROIBIDO

Agourar um jogador criticando seus erros e chamá-lo de "fracassado" ou antecipar o resultado de uma partida antes do final.*

Colocar o boné ou outro acessório do uniforme sobre a cama.*

Preencher o cartão de placar antes do fim do jogo.*

Usar as cores do time adversário no dia do jogo.

** Essas regras valem tanto se você praticar um esporte como se for um torcedor.*

PESCARIAS

Estas sugestões devem ser usadas quando você precisar de sorte na ponta do anzol.

VALE A PENA TENTAR

Cuspa em sua isca antes de lançá-la.

Prenda uma moeda na bóia para atrair boa sorte.

Devolva à água o primeiro peixe que você fisgar.

Se os peixes não mordem a isca, faça como os escoceses: jogue um companheiro na água e puxe-o de volta, em seguida, como se fosse um peixe.

É PROIBIDO

Pôr a isca no anzol com a mão esquerda.

Abaixar sua linha para que alguém passe. Você deve erguê-la para que os outros passem por baixo dela.

Trocar de vara no meio da pescaria.

Jogar fora uma bóia que lhe serviu bem no passado.
Sentar-se sobre baldes virados.

Mergulhar sua rede na água antes que o peixe morda a isca (isso é desafiar a sorte).

Contar os peixes antes de encerrar a pescaria.

Perguntar aos outros quantos peixes fisgaram.

Contar vantagem sobre suas pescarias anteriores.

O "PATO" DA SORTE*

Os patos, é verdade, não têm fama de atraírem sorte,
mas há muitas outras aves de bom agouro por aí.

VALE A PENA TENTAR

Embora a sensação não seja agradável,
considere-se um felizardo se um pássaro "condecorar" você.

Pegue seu binóculo e saia em busca de curiós, andorinhas, sabiás, canários, pintassilgos e outros pássaros canoros – todos eles atraem boa sorte.

* Trocadilho para a expressão inglesa "Lucky duck".

É PROIBIDO

Destruir o ninho de qualquer pássaro.

Ferir qualquer pássaro.

Levar ovos de pássaros silvestres e penas de pavão para dentro de casa.

Deixar um pássaro bicar sua janela, pois isso é sinal de morte iminente.

Prender pássaros silvestres dentro de casa. Isso é considerado tamanho sinal de má sorte que muitos acreditam ser inconveniente ter em casa papel de parede, gravuras e outros objetos de decoração que reproduzam imagens de pássaros.

Procurar pássaros-pretos, gralhas, uma única rolinha (se encontrar duas ou mais, você será poupado), corujas (piando de noite), pavões, pombos, corvos, pardais, andorinhões e aves noturnas. A visão de qualquer um deles traz má sorte.

Procurar pássaros mortos. Se encontrar algum, você deve cuspir sobre o corpo dele para desviar a má sorte. O bichinho (acredite) não se importará.

Embora seja difícil imaginar que você pudesse fazer isso, não permita que um gato coma seu canário – seriam dois anos de má sorte.

COSTURA

Dizem que "um ponto dado salva um bocado", mas quem se importa? A questão é apenas uma: costurar traz sorte?

VALE A PENA TENTAR

Por mais frustrante que pareça, linha embaraçada durante a costura é sinal de boa sorte.

Um dedal dado de presente traz sorte a quem o recebe.

Se você derrubar a agulha enquanto costura, também terá boa sorte.

A perda de um dedal significa boa sorte para quem vai receber a costura. Se, no entanto, você estiver costurando para si mesmo, só o tempo poderá confirmar isso.

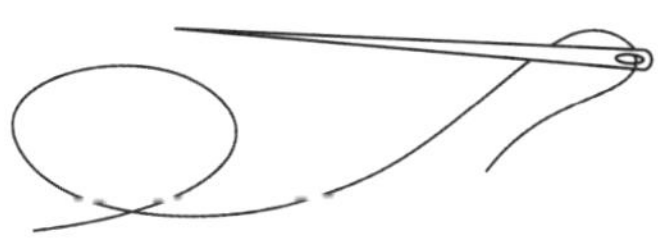

É PROIBIDO

Usar linha preta ou escura para consertar uma peça de roupa clara. Isso traz má sorte – tanto quanto qualquer trabalho malfeito.

Costurar no domingo ou começar uma peça nova na sexta-feira.

Derrubar a tesoura enquanto costura. Se isso acontecer, pise nela para desviar a má sorte.

Costurar ou consertar uma peça de roupa que você ou outra pessoa esteja vestindo.

TRICÔ

Você está à procura de idéias?
Damos, abaixo, algumas que podem ser boas.

....

VALE A PENA TENTAR

Planeje sempre um novo trabalho logo após a conclusão de uma peça. As agulhas de tricô nunca devem ficar vazias.

Se você deseja livrar-se sutilmente de seu namorado (ou namorada), tricote e dê de presente a ele (ou ela) um par de meias. Assim como os sapatos, as meias convidam a pessoa que as recebe a "sair para um passeio".

É PROIBIDO

Interromper o tricô nas primeiras carreiras. Isso significa que o trabalho nunca será completado.

Embora não haja nada de mal no fato de começar a tricotar ou costurar um presente para um bebê que ainda não nasceu, não diga nada aos futuros pais nem entregue o presente antes do parto.

Tricotar no teatro – ou no palco ou nos bastidores.

Tricotar um suéter para seu namorado (ou namorada) caso você queira preservar o relacionamento, pois isso seria provocar a sorte.

Dar agulhas de tricô de presente para alguém, porque elas cortariam os laços afetivos.

COMPRAS

Uma visita às lojas não é apenas uma oportunidade de adquirir coisas novas como também de trazer, com elas, mais sorte para sua casa.

VALE A PENA TENTAR

Sugira sutilmente que o artigo que deseja comprar apresenta algum defeito, mas fale com delicadeza, sem ofender nem agredir.

Use um par de alfinetes cruzados em sua roupa e com certeza fará melhores negócios.

Reforce sempre o poder de atrair boa sorte de uma peça de roupa recém-comprada deixando uma moeda em um dos bolsos ou costurando-a na bainha.

Aceite o "dinheiro da sorte" que o vendedor lhe oferecer após uma compra.
Ele pode estar embutido em um desconto, por exemplo, e trará boa sorte a ambos.

Deixe um depósito para garantir a reserva de alguma coisa que você queira comprar mais tarde. Esses depósitos, também chamados antigamente de "dinheiro de Deus", serviam como garantia de que a transação seria feita em data posterior e, como simbolizavam um gesto de boa vontade, sempre traziam sorte a ambas as partes.

É PROIBIDO

Comprar uma vassoura no mês de maio ou nas festas natalinas.

Provocar a sorte comprando alguma coisa antes de precisar dela. Isso se aplica em dobro aos presentes destinados a bebês, incluindo berços, carrinhos e roupas.

Comprar ovos depois do pôr-do-sol.

Comprar um par de sapatos rangedores. Dizem que os sapatos fazem barulho porque foram roubados, portanto todos pensarão que você não pagou por eles.

PRESENTES DE SORTE

Algumas coisas são particularmente de bom agouro (ou não) para dar ou receber como presente. Segue uma lista de objetos com os quais se deve ter cautela ou que é preciso evitar ao fazer compras para ocasiões especiais.

VALE A PENA TENTAR

Embora nos séculos passados um presente composto de pão, sal grosso e um ovo fosse considerado de bom agouro para os recém-nascidos, atualmente a maioria das pessoas prefere oferecer um objeto de prata, que também atrai boa sorte.

Qualquer presente (sobretudo peças de roupa, bolsas e carteiras) pode atrair muita sorte se você acrescentar uma moeda a quem o recebe.

Dê um pote de mel a uma noiva para atrair boa sorte.

Nunca entre em uma casa nova de mãos vazias, leve sempre um presente – ainda que pequeno. Um pouco de sal, uma vassoura nova e até mesmo um pedaço de carvão são excelentes escolhas.

Um rolo de massa de vidro ou acrílico é outro bom presente de noivado ou casamento. Atrai muita sorte.

Dê a uma amiga (ou amigo) um buquê de jasmins e gardênias – esse gesto vai fortalecer seus laços de amizade.

Enfeite seus presentes com uma fita vermelha.

Nos aniversários de casamento, qualquer presente feito do material correspondente às bodas é considerado um poderoso veículo de boa sorte:

01	PAPEL
05	MADEIRA
10	ESTANHO OU ALUMÍNIO
15	CRISTAL
20	PORCELANA
25	PRATA
30	PÉROLA
35	CORAL
40	RUBI
45	SAFIRA
50	OURO
55	ESMERALDA
60	DIAMANTE
75	DIAMANTE

É PROIBIDO DAR

Foles como presente de casamento. Eles com certeza não constam da lista de nenhuma loja especializada.

Sais de banho e sabonetes porque "lavam" e levam embora a amizade.

Lenços, que equivalem a uma dádiva de lágrimas. E quem deseja chorar?

Um exemplar da *Bíblia*. Esse presente é considerado muito negativo para um rapaz dar à namorada (e, a propósito, nada romântico).

Luvas. Eis um presente que provoca desentendimentos e, em casos extremos, põe em risco a própria amizade.

Guarda-chuvas, considerados presentes de má sorte (além de chatos).

Um relógio. Para os chineses, esse presente literalmente sugere: "Estou esperando sua morte".

Sapatos, embora muitos aficionados fiquem tristes com isso.

Objetos pontiagudos, como facas, tesouras e até mesmo alfinetes, que podem "cortar" laços afetivos.

Um buquê de flores brancas e vermelhas – muito menos para alguém que se recupera de uma doença.

ANTÍDOTO

A melhor maneira de desfazer o equívoco de um presente inconveniente é dar em troca uma moeda à pessoa que o presenteou. O presente passa então a ser tecnicamente considerado um ato de compra, não mais sujeito, portanto, às regras da má sorte.

VIAGENS

Na estrada, no ar ou no mar, sempre há algumas medidas para garantir que sua boa viagem não se transforme em pesadelo.

VALE A PENA TENTAR

Bata na madeira quando mencionar seu destino.

Para assegurar uma ótima viagem, sente-se na bagagem antes de partir.

Ao deixar sua casa e também quando entrar em lugares novos, faça isso com o pé direito.

Se encontrar um caramujo ao sair de casa, pegue-o e jogue-o sobre o ombro esquerdo para evitar que sua viagem tenha um início monótono.

Leve com você uma medalha de São Cristóvão, que é, afinal de contas, o santo protetor dos viajantes.

Embora não seja aconselhável fazer isso em aeroportos internacionais, urinar na roda de um avião, segundo a crença, é garantia de um vôo seguro.

Escolha um vôo cujo código seja de bom agouro (777, por exemplo) ou que corresponda a seu número de sorte.

Se você viajar ao lado de um banco vazio no avião, cruze os cintos de segurança para que o vôo seja tranqüilo.

Se você pensa em levar seu bichano como companhia no cruzeiro pelo Caribe que pretende fazer, vá em frente. Os gatos dão sorte aos navios.

As turquesas são conhecidas por atrair boa sorte para os aviadores. Piloto ou passageiro, portanto, use uma durante suas viagens aéreas.

Atire um sapato velho atrás de uma pessoa que está embarcando para uma longa viagem.

Leve com você, durante uma viagem, um amuleto em forma de rã. *Kaeru,* em japonês, significa "rã" e também "retorno". Esse pequeno talismã, portanto, pode garantir sua volta segura para casa.

É PROIBIDO

Começar sua viagem na sexta-feira ou, pior ainda, na sexta-feira 13.

Tropeçar ao partir em viagem. Se isso acontecer, é melhor considerar um adiamento.

Olhar para trás após se despedir de um ente querido.

Voltar atrás para pegar alguma coisa que você esqueceu ou retornar para casa após ter dado início à viagem.

Mencionar as palavras *atraso, pouso de emergência* ou *desastre* durante a discussão de um plano de vôo.

Assobiar dentro de um barco. Seria como chamar uma tempestade perigosa.

Aceitar um quarto de hotel no décimo terceiro andar ou cujo número não seja de sorte.

Oferecer flores brancas (e muito menos vermelhas e brancas) para uma pessoa que vai partir em viagem.

NA RODOVIA

Já que as lagartixas não são atualmente consideradas bichinhos de sorte, eis algumas outras medidas a tomar para garantir uma viagem tranqüila.

VALE A PENA TENTAR

Leve nas viagens (principalmente noturnas) uma imagem de São Francisco de Roma ou de São Cristóvão.

Caso você pretenda dirigir em alta velocidade, pendure no espelho retrovisor um talismã em forma de chifre ou um par de dados da sorte.

Quando comprar um carro novo, transfira para ele todos os amuletos usados no automóvel antigo (caso ele tenha trazido sorte, é claro).

Prefira os táxis que têm na placa a letra U, que lembra uma ferradura.

Levante os pés do piso e toque com eles o teto do carro quando passar sobre os trilhos de uma ferrovia ou diante de um cemitério.

Beije sua mão e toque o teto do carro se você avançar um sinal vermelho (ou será que ainda estava no amarelo?).

É PROIBIDO

Alugar ou comprar um carro verde.

Aceitar uma placa que contenha o número 13.

Contar vantagem sobre suas viagens de carro anteriores e dizer que foram muito divertidas e tranqüilas.

COMEMORAÇÕES

ANIVERSÁRIO

Já que vai ficar mais velho,
por que não ficar também mais afortunado?

VALE A PENA TENTAR

Faça um bolo de aniversário e complete-o com uma vela para cada ano de idade, além de outra para atrair boa sorte.

Deixe que alguém lhe dê uma palmada (de leve!) por ano de idade que já completou – e mais uma para dar sorte, é claro!

Faça um pedido silencioso enquanto sopra as velas do bolo.

Apague todas as velas de uma só vez.

Para garantir vida longa, faça uma refeição composta de longos ninhos de talharim.

É PROIBIDO

Deixar uma ou mais velas acesas em seu bolo de aniversário.

Chorar nesse dia, pois isso significaria chorar pelo resto do ano.

Revelar seu pedido a alguém – não seria atendido.

ANO-NOVO, SORTE SUA

A melhor maneira de garantir sorte no futuro é começar bem o ano.

VALE A PENA TENTAR

Use alguma coisa nova, isso aumentará suas chances de conseguir mais roupas novas no ano que vai começar.

Abra a porta da frente pouco antes da meia-noite para facilitar a entrada do ano-novo.

É sempre bom fazer barulho ao romper da meia-noite na véspera de ano-novo porque isso não apenas espanta os maus espíritos do ano velho como também proporciona ar puro para o ano recém-iniciado.

O fato de tomar a última dose de uma garrafa na véspera de ano-novo é sinal de boa sorte. Além disso, é provável que estimule você a tomar outras doses...

Beije e confraternize! Fazer isso ao romper do ano-novo significa que você terá a quem abraçar nos doze meses seguintes.

O "primeiro passo" é uma parte importante das tradições de ano-novo e se refere à primeira pessoa que vai entrar em sua casa após a meia-noite. Segundo a crença, deve ser um homem moreno que traz, de preferência, um presente composto de pão, sal, um pedaço de carvão ou dinheiro, tudo para garantir um ano próspero. Depois de deixá-lo entrar, permita que saia de costas para a porta, levando com ele o ano velho. Se você mora em apartamento, peça a ele para percorrer todos os cômodos, saindo da mesma maneira.

A primeira segunda-feira do ano é considerada especialmente de bom agouro, e você deve reforçar esse dia de boa sorte para assegurar um ano proveitoso dando ou recebendo dinheiro (na forma de doação ou de alguma transação comercial).

É PROIBIDO

Pendurar o novo calendário antes que o ano velho se encerre, porque isso seria uma provocação à sorte.

Permitir que um indivíduo loiro ou ruivo ou qualquer mulher, sobretudo se for viúva, seja a primeira pessoa a entrar em sua casa após a meia-noite – isso traria má sorte.

Deixar seus armários e seus bolsos vazios na véspera de ano-novo, pois eles continuariam assim pelo resto do ano.

Lavar roupa na véspera de ano-novo. Segundo a crença, isso significa morte na família.

BEM-ESTAR

BELEZA

Bem, na verdade nem todos são afortunados a ponto de nascer com uma aparência capaz "de fechar o comércio", como se dizia antigamente.

VALE A PENA TENTAR

Para aprimorar sua aparência, recolha o orvalho acumulado na grama no primeiro dia de maio e banhe-se com ele.

Prefira batom vermelho, o que ajudará você a manter a boa sorte que já tem.

Use sombra ou delineador pretos, como faziam os antigos egípcios, para se proteger do mau-olhado.

Ao fazer as unhas, peça que a manicure dê realce a suas meias-luas, pois isso atrai boa sorte.

Se suas unhas apresentam manchas brancas, não se preocupe – elas são consideradas "chamarizes da boa sorte".

Corte os cabelos e faça as unhas na terça, na quarta, na quinta, no sábado ou, melhor ainda, na segunda.

É PROIBIDO

Cortar cabelos e unhas na sexta-feira ou no domingo.

Derramar base facial ou qualquer outro cosmético em pó.

SAÚDE E HOSPITAIS

Embora nada substitua um bom tratamento médico nem a competência dos profissionais de saúde, talvez haja alguns detalhes que seu convênio desconhece.

VALE A PENA TENTAR

Para reforçar uma terapia física, dê uma volta (ou caminhada) no sentido horário.

Se alguém lhe deu flores durante sua estada no hospital, deixe-as para trás quando receber alta.

Experimente "vender" seu problema de saúde para um amigo (ou amiga). Ofereça bom preço por sua tendinite – 10 reais, por exemplo. Alguns acreditam que os maus espíritos que controlam as doenças ficam confusos e não sabem mais a quem "atacar", por isso o problema tende a desaparecer.

É sinal de boa sorte ficar em uma cama de hospital cujo ocupante anterior se recuperou facilmente.

"Uma maçã por dia nos mantém longe dos remédios" – eis um provérbio antigo e surrado, mas provavelmente certeiro.

Se você vir uma ambulância, prenda a respiração e aperte o nariz até que ela se afaste. Isso dará sorte ao passageiro.

Se você precisa fazer uma cirurgia ou qualquer outro procedimento planejado, procure internar-se na quarta-feira,* o dia mais favorável para o início de um tratamento médico. Mas não faça isso se tiver uma *emergência* – não existe boa sorte que compense a demora em buscar tratamento necessário.

É PROIBIDO

Deixar o hospital no sábado* (se puder evitar),
pois isso significa que você voltará.

Responder "muito bem" quando lhe perguntarem como vai.
Isso é o mesmo que provocar a sorte.

Aceitar flores brancas e vermelhas enquanto estiver doente.

Pagar totalmente pelos serviços médicos. Embora o doutor não goste disso,
agir como se o tratamento estivesse encerrado
constitui uma provocação ao destino.

* *Estudos realizados no Japão demonstraram que a crença no* taian *(dia de boa sorte) e no* butsumetsu *(dia de má sorte) entre os pacientes dos hospitais é alta, e um número desproporcional deles é liberado no* taian, *enquanto pouquíssimos recebem alta no* butsumetsu.

MORTE

Está certo, o fato de morrer não é assim tão positivo, mas muitos acreditam que há meios de suavizar essa transição para uma vida melhor, tornando-a menos penosa tanto para o ente querido que se foi quanto para os parentes e amigos que ficaram.

VALE A PENA TENTAR

Os espelhos da casa devem ser cobertos após a morte de alguém. Esse é tanto um sinal de respeito (a vaidade se anula diante da perda de um ente querido) quanto uma forma de assegurar que a alma do morto não se distraia nem fique para trás. Uma alternativa também muito adotada é voltar os espelhos para a parede.

Muitos acreditam que o gesto de tocar o morto traz boa sorte.

Portas e janelas devem ficar destrancadas ou abertas para facilitar a partida do morto. Há quem acredite que essa prática deveria estender-se a armários e gavetas.

O cortejo fúnebre deve sempre se aproximar da sepultura no sentido horário, e ninguém nunca deveria apontá-lo por temor da má sorte.

Compre e queime figuras de papel que representem os objetos necessários ao falecido na vida além-túmulo no Festival Chinês do Fantasma Faminto (décima quarta noite do sétimo mês lunar). Embora tradicionalmente só se queimasse dinheiro falso, hoje em dia existem à venda réplicas de tudo, de carros de luxo a *laptops* e de belas jovens a comprimidos de Viagra, para tornar a morte um pouco mais agradável.

É PROIBIDO

Permanecer junto ao pé da cama do moribundo porque isso poderia dificultar a passagem de sua alma.

Segundo a crença, laços e nós também podem causar obstruções desnecessárias e não devem ser deixados nas roupas nem nos sapatos do morto.

Usar luto por mais de um ano – isso convida a tragédia.

Embora os herdeiros ansiosos talvez nos odeiem por isso, os testamentos atraem má sorte, uma vez que, segundo alguns, apressam o inevitável.

Falar mal do morto, o que poderia provocar nele a vontade de se defender.

Deixar um cão ou um gato perto do morto – além disso, é sinal de má sorte encontrar qualquer dos dois no caminho do cemitério.

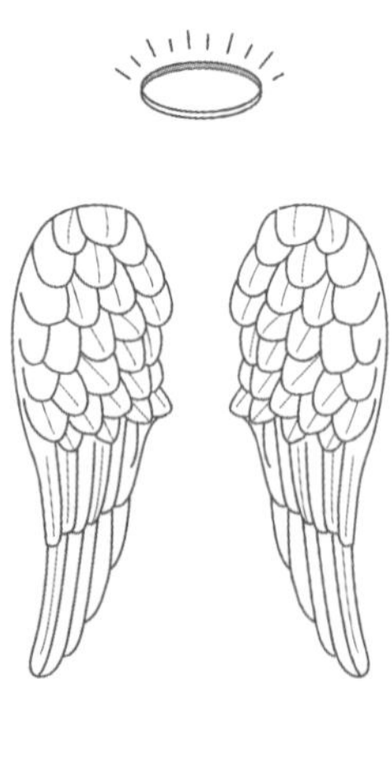

ANTÍDOTOS

Todos nós erramos de vez em quando e fazemos alguma coisa que atrai má sorte. Apresentamos a seguir uma lista dessas circunstâncias e das coisas que você pode tentar para desfazer o que foi (mal) feito.

CUSPIDA 	Você pode cuspir em alguma coisa (uma escada sob a qual passou), em alguém (que o "brindou" com mau-olhado) ou sobre seu ombro (com propósitos gerais).
ROUPAS ÍNTIMAS 	Vire-as pelo avesso para transformar má sorte em boa sorte.
PISADAS 	Pise de leve em alguma coisa "agourenta" que você deixou cair (como uma faca ou uma tesoura) antes de apanhá-la.
DEDOS CRUZADOS 	Cruze os dedos e as pernas para afastar a má sorte.

SENTIDO HORÁRIO 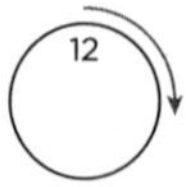	Circule ou gire três vezes um objeto – sempre no sentido horário.
BATIDAS NA MADEIRA 	Para aplacar a má sorte quando provocada. Se não encontrar madeira autêntica, bata na cabeça ou no papel (que já foi madeira no passado).
GESTOS DE MÃO 	Recorra ao *mano cornuto* (estique o dedo mínimo e o indicador enquanto dobra os outros dedos sobre a palma da mão) ou ao *mano fico* (feche o punho enquanto estica o polegar entre o dedo médio e o indicador, fazendo o sinal de "figa") para repelir qualquer tipo de má sorte que venha a cruzar seu caminho.

C	O	R	E	O	P	L	E
S	E	J	A	S	U	M	H
H	N	E	E	R	G	C	F
A	M	U	L	E	R	L	E
N							L
C							I
H							Z
B							A
O	F	R	O	G	I	N	R
A	S	O	R	T	E	K	D
K	B	G	O	B	B	O	O
R	E	D	C	F	E	Y	P

6

Já é tempo de controlar sua sorte, por isso apresentamos aqui as ferramentas necessárias – roteiros, diagramas e planos de trabalho – para identificar todas as facetas benfazejas de sua vida e tirar delas o maior proveito possível. Lembre-se, porém, de que nenhum desses recursos dará resultado se você não os experimentar todos, portanto arregace as mangas e seja um felizardo!

TORNE-SE AINDA MAIS FELIZARDO AGORA

Se você já se perguntou por que algumas pessoas têm mais sorte que outras, com certeza está no caminho errado. O consenso existente entre sociólogos, psicólogos comportamentais e outros especialistas que já estudaram o fenômeno é o de que as pessoas afortunadas não nascem assim: elas se tornam assim. A criação da própria sorte é, portanto, possível – e tudo se resume em cinco regras essenciais.

....

MANTENHA-SE ABERTO A TUDO E A TODOS. Apesar das recomendações que seus pais faziam desde a infância, você deve falar com estranhos – e falar com eles tanto quanto possível, em qualquer lugar. Pesquisas já demonstraram que as pessoas mais bem-sucedidas são justamente as que se dão ao trabalho de estabelecer contatos amistosos em todas as oportunidades. Assim, na próxima vez em que estiver na fila do supermercado, converse com seu vizinho, mas converse de verdade. Isso decerto será mais proveitoso do que ler, nas revistas locais, sobre um grupo de alienígenas que mantém Elvis Presley sob seqüestro.

ACREDITE NA SORTE. Se você alimentar a esperança de que muitas coisas boas vão acontecer em sua vida, elas de fato ocorrerão. Da mesma forma, se você acreditar que é um felizardo, isso se tornará realidade. Os psicólogos afirmam: as pessoas que não se sentem afortunadas tendem a seguir rotinas e repetem sempre as mesmas atitudes – ainda que estejam infelizes. As pessoas que se sentem afortunadas, entretanto, se dispõem a correr mais riscos e experimentam coisas novas. É mais provável que se envolvam em projetos profissionais diferentes, em novos relacionamentos e até que participem de concursos. Conforme elas próprias dizem, quem não aposta não ganha. Comece, portanto, a pensar em si mesmo como o felizardo que sempre foi.

CONFIE EM SUAS INTUIÇÕES. Na condição de seres humanos sensíveis, não temos capacidade de processar todos os dados sensoriais que, a cada segundo, bombardeiam nossa consciência. Mas podemos fazer isso no nível subconsciente – e as intuições, na verdade, baseiam-se nas informações que absorvemos e processamos enquanto nos ocupamos com outras coisas. É por essa razão que as intuições nos parecem, quase sempre, inexplicáveis – não sabemos por que as sentimos, mas elas estão lá, dentro de nós, poderosas. Devemos, portanto, prestar atenção em nossos instintos e confiar neles quando for preciso tomar decisões. Talvez eles estejam certos.

MUDE AS COISAS. Se você estacionou na rotina e faz as mesmas coisas todos os dias, provavelmente esteja afastado de qualquer experiência auspiciosa por falta de exposição e oportunidade. Trate, portanto, de sair mais e de tentar coisas novas: almoce com pessoas diferentes ou procure os velhos amigos, faça um curso, mude seus hábitos de trabalho ou tire uma folga – mesmo que não precise disso agora. Tome um banho em horário inusitado, pois é debaixo do chuveiro que surgem as melhores idéias. Se você se mantiver aberto a novas experiências, mais cedo ou mais tarde estará no lugar certo e na hora certa.

FIQUE PREPARADO PARA A BOA SORTE. Uma coisa é estar no lugar certo e na hora certa, mas outra muito diferente é saber o que fazer quando a sorte surge inesperadamente. As oportunidades apresentam-se nas ocasiões mais imprevistas, e é preciso estar preparado para identificá-las e tirar delas a maior vantagem possível. Fique, portanto, sempre atento a tudo o que se passa ao seu redor – assim, quando a fortuna lhe sorrir, você estará pronto para obter o melhor que ela tem a oferecer.

PLANO SEMANAL DE BOA SORTE

Certos dias da semana são mais (ou menos) favoráveis ao desempenho de determinadas atividades. Apresentamos a seguir algumas regras para orientá-lo.

SEGUNDA-FEIRA

É o melhor dia para apresentar um projeto ambicioso ou começar um empreendimento de larga escala. É também um dia muito bom para receber dinheiro caso você tenha negócio próprio, além de favorecer a economia. Esse é um bom dia para receber visitas, lavar roupas e o melhor para cortar os cabelos e fazer as unhas.

TERÇA-FEIRA

É um bom dia para jardinagem, mas você deve ter cuidado, nas terças-feiras, com objetos pontiagudos. Esse é um dia que favorece a capacidade de argumentação, propício, portanto, para reuniões de negócios e transações legais. É também indicado aos cuidados de beleza, mas evite contato com pessoas canhotas.

QUARTA-FEIRA

Esse é o melhor dia da semana. É o melhor para tratar da correspondência, tradicional ou virtual, portanto mãos à obra! A quarta-feira é boa para cortes de cabelo e cuidados com as unhas, mas não favorece as grandes compras.

QUINTA-FEIRA

É um dia ótimo para tomar decisões importantes ou executar uma tarefa difícil. Além disso, como os anteriores, é bom para cuidar da beleza.

SEXTA-FEIRA

Trata-se do pior dia da semana, sobretudo quando coincide com o décimo terceiro dia do mês. É ruim para virar colchões, trocar lençóis, lavar roupas, vestir peças novas e cortar cabelos e unhas. Nunca comece nada novo na sexta-feira – emprego, projeto, viagem ou relacionamento –, nem sequer abra uma caixa de cereais.

SÁBADO

Aproveite a parte da manhã para contar a seu cônjuge o que você sonhou na noite de sexta-feira porque, se foi um sonho bom e falar dele, se tornará realidade. Não é aconselhável trabalhar nem dar início a um novo projeto no sábado, embora seja um bom dia para tratar da aparência. É o pior momento para lavar roupas, e as implicações disso vão além do imaginável: "Lave na sexta só se for preciso; lave no sábado e a casa vem abaixo".

DOMINGO

É o dia mais indicado para não fazer nada. Proibido expressamente: virar colchões e trocar lençóis (você terá pesadelos durante toda a semana), costurar ou tricotar e cortar cabelos e unhas. É, porém, um bom dia para vestir as melhores roupas, além de perfeito para cerimônias de casamento.

NÚMEROS DA SORTE

Segundo os estudiosos de numerologia, cada um de nós tem dois números particularmente favoráveis: a data de nascimento e o *número de trajetória de vida* (NTV). O primeiro é considerado o mais favorável, enquanto o NTV representa nossa identidade ao nascer e as tendências que carregamos conosco ao longo da vida (embora não saibamos exatamente o que isso significa).

A data (ou número) de nascimento é simplesmente o dia em que viemos ao mundo. Se você, por exemplo, nasceu em 21 de junho de 1982, seu número é 21.

Para calcular seu NTV, some todos os algarismos de sua data de nascimento completa e repita a soma quantas vezes for necessário até obter como resultado um único algarismo. Usando novamente o exemplo de 21 de junho de 1982:

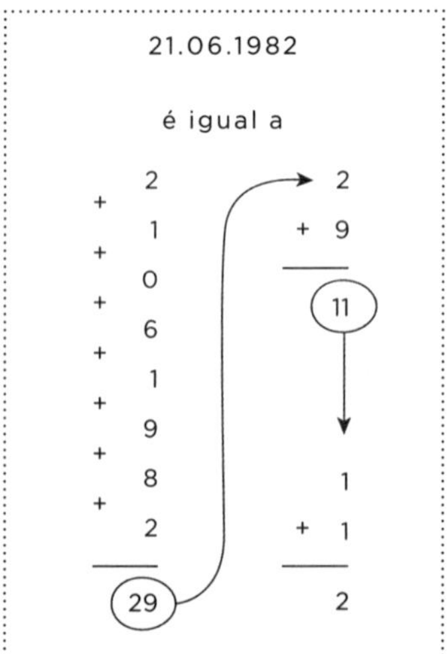

Regras de numerologia à parte, você talvez já tenha um número preferido para atrair boa sorte, e isso também é válido. Seja qual for sua escolha, é sempre bom ter à mão um número da sorte (ou três) quando houver necessidade: na casa lotérica, ao escolher um quarto de hotel para uma ocasião especial e assim por diante.

DESCUBRA A MELHOR DATA

Você quer saber a melhor data para marcar seu casamento ou aquela viagem dos sonhos que há tanto tempo deseja fazer?

Há uma boa forma de determinar se uma data é favorável: o cálculo do número do dia universal. Some, para isso, os valores numéricos do dia, mês e ano em questão até obter um único algarismo como resultado final.

Se a data que você quer verificar, por exemplo, for 28 de agosto de 2008, some primeiro todos os algarismos:

DIA + MÊS + ANO

28 + 08 + 2008 = 2044

Some em seguida os algarismos do número obtido:

2 + 0 + 4 + 4 = 10

Continue somando até obter como resultado um único algarismo:

1 + 0 = 1

O número do dia universal de 28 de agosto de 2008, portanto, é 1.

Se o resultado desse cálculo for o seu número da sorte, adote-o sem vacilar.

SIGNOS — DIAS E CORES DA SORTE

ÁRIES
20 de março a 19 de abril
Dia: terça-feira
Cores: vermelho e branco

VIRGEM
23 de agosto a 22 de setembro
Dia: quarta-feira
Cores: azul e cinza

TOURO
20 de abril a 20 de maio
Dia: sexta-feira
Cor: verde

LEÃO
23 de julho a 22 de agosto
Dia: domingo
Cores: ouro e laranja

GÊMEOS
21 de maio a 20 de junho
Dia: quarta-feira
Cor: amarelo

CÂNCER
21 de junho a 22 de julho
Dia: segunda-feira
Cores: prata e branco

LIBRA

23 de setembro a 22 de outubro

Dia: sexta-feira

Cor: verde

PEIXES

19 de fevereiro a 19 de março

Dia: quinta-feira

Cor: verde-mar

ESCORPIÃO

23 de outubro a 21 de novembro

Dia: terça-feira

Cores: vermelho e preto

AQUÁRIO

21 de janeiro a 18 de fevereiro

Dia: sábado

Cores: violeta e azul-celeste

SAGITÁRIO

22 de novembro a 21 de dezembro

Dia: quinta-feira

Cor: púrpura

CAPRICÓRNIO

22 de dezembro a 20 de janeiro

Dia: sábado

Cores: verde-escuro e marrom

FAÇA BRILHAR SUA SORTE

Muitas pessoas conhecem a própria pedra da sorte e desde o nascimento recebem presentes que a contêm. Embora essa pedra proporcione sorte durante o ano todo, é bom não esquecer que ela é de bom agouro, sobretudo, no mês do aniversário de cada um. Alguns vão mais longe e preferem comprar as doze pedras, usando-as no mês correspondente. Se você pensa fazer isso, tenha cuidado com a opala, em geral desfavorável a quem não nasceu em outubro.

Existem várias tradições com relação ao uso das pedras da sorte, algumas antigas e outras mais recentes. A lista moderna apresentada na próxima página foi estabelecida no século XX por um grupo de joalheiros norte-americanos. Isso de certa forma padronizou diversas listas tradicionais que circulam há séculos, baseadas em conceitos religiosos e mundanos. Para enriquecer a pesquisa, acrescentamos uma lista mística associada à astrologia tibetana e outra derivada do sistema aiurveda, prática médica milenar da Índia.

Esta seção também se destina aos homens, pois há muitas formas de incorporar uma pequena jóia a seu guarda-roupa, tais como discretos anéis, abotoaduras, prendedores de gravata e tudo mais que a imaginação permitir.

PEDRAS DA SORTE

	MODERNAS	TRADICIONAIS	MÍSTICAS	AIURVÉDICAS
JAN.	granada	granada	esmeralda	granada
FEV.	ametista	ametista	hematita	ametista
MAR.	água-marinha	hematita	jade	hematita
ABR.	diamante	diamante	opala	diamante
MAIO	esmeralda	esmeralda	safira	ágata
JUN.	pérola, pedra-da-lua	alexandrita	pedra-da-lua	pérola
JUL.	rubi	rubi	rubi	rubi
AGO.	peridoto	calcedônia	diamante	safira
SET.	safira	safira	ágata	pedra-da-lua
OUT.	opala, turmalina	turmalina	jaspe	opala
NOV.	topázio amarelo	citrino	pérola	topázio
DEZ.	topázio, turquesa	zirconita, turquesa	ônix negro	rubi

SINAIS DE SORTE

Os chineses acreditam que a localização de sinais na face ou no corpo pode revelar o tipo de sorte que a pessoa tem e consultam um almanaque conhecido como Tung Shu para descobrir o significado auspicioso (ou não) dessas marcas. Os existentes na parte anterior do corpo indicam, de modo geral, melhor sorte, enquanto os da parte posterior sinalizam má sorte ou pesados encargos. As ilustrações da próxima página mostram os sinais mais favoráveis, portanto procure um espelho e tire a roupa.

LOCALIZAÇÃO NO CORPO

A – Traz harmonia e segurança – e, quanto menor, melhor.

B – Indica prosperidade, maior ainda se o sinal estiver no umbigo.

C – Fique firme! Esse sinal significa que a sorte lhe dará filhos, muitos filhos.

D – Prediz períodos de sorte inesperada, sobretudo se você tiver dois.

E – Um sinal perto da axila, para os homens, significa dinheiro, muito dinheiro!
Se estiver bem no meio da axila, significa também posição social de destaque.

F – Indica, para os homens, sorte com heranças e, para as mulheres, prosperidade conquistada pelo próprio esforço.

G – Faça as malas porque a boa sorte nas viagens virá ao seu encontro.

H – Esse sinal é, para as mulheres, um sinal de boa sorte financeira.

I – Indica sucesso e prosperidade, sobretudo nos negócios por conta própria.

J – Esse sinal sugere que o sucesso e a fama estão no horizonte.

K – Se estiver localizado na parte posterior da coxa, é um sinal de boa fortuna.

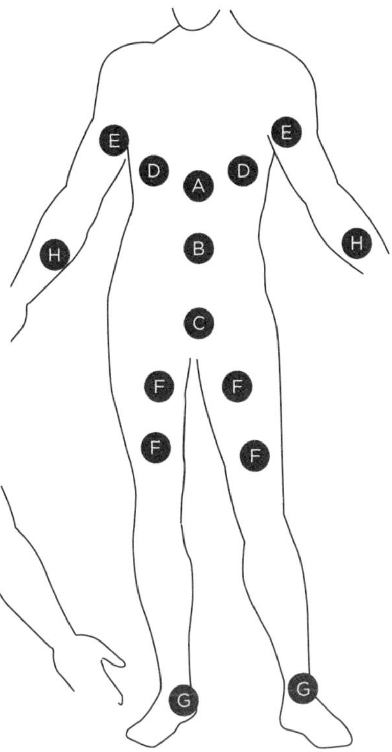

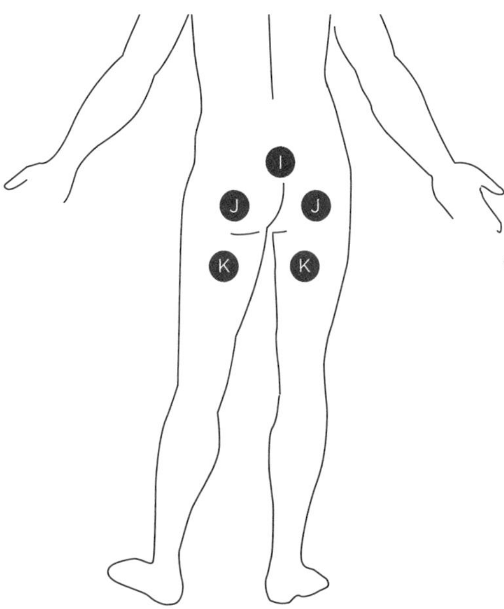

A – Boa notícia: um sinal nesse ponto significa sorte financeira.
Má notícia: você terá de trabalhar para isso.

B – Indica grande sorte familiar, com muitos filhos e netos, e mais: você estará cercado de amor e apoio.

C – Além de rico e famoso, você terá a sorte de contar com uma vida familiar satisfatória e equilibrada.

D – Com sua fala mansa e seu prestígio social, não se arrisque a perder a boa sorte abusando de atitudes ridículas e exageradas.

E – Sorte no amor, sorte com dinheiro, mas não permita que sua fraqueza por estranhos de boa aparência lhe traga problemas.

F – Sorte sua, pois um sinal nesse ponto significa que nunca passará fome.

G – Indica autoridade e poder à disposição.

H – Esse sinal sinaliza que você será vigoroso até idade avançada e terá amor durante a vida toda. O que pode ser mais favorável do que isso?

I – Para usufruir a prosperidade e o reconhecimento indicados por esse sinal, você deve controlar seus excessos.

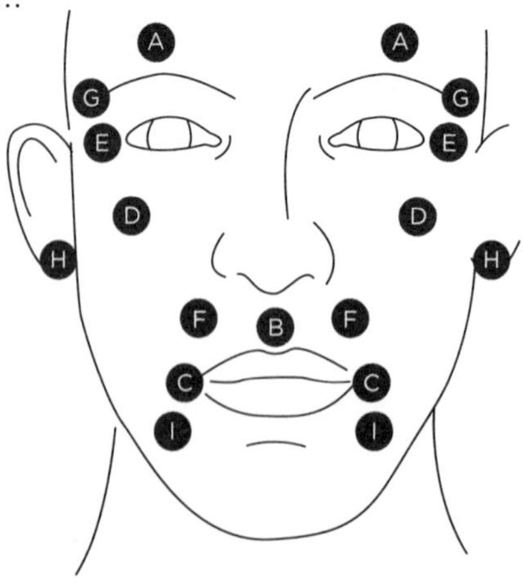

GUIA DE TATUAGEM DOS MARINHEIROS

Se você procura uma tatuagem que atraia a sorte,
veja algumas sugestões dos marinheiros, que sabem como mapear
o bom agouro diretamente no próprio corpo.

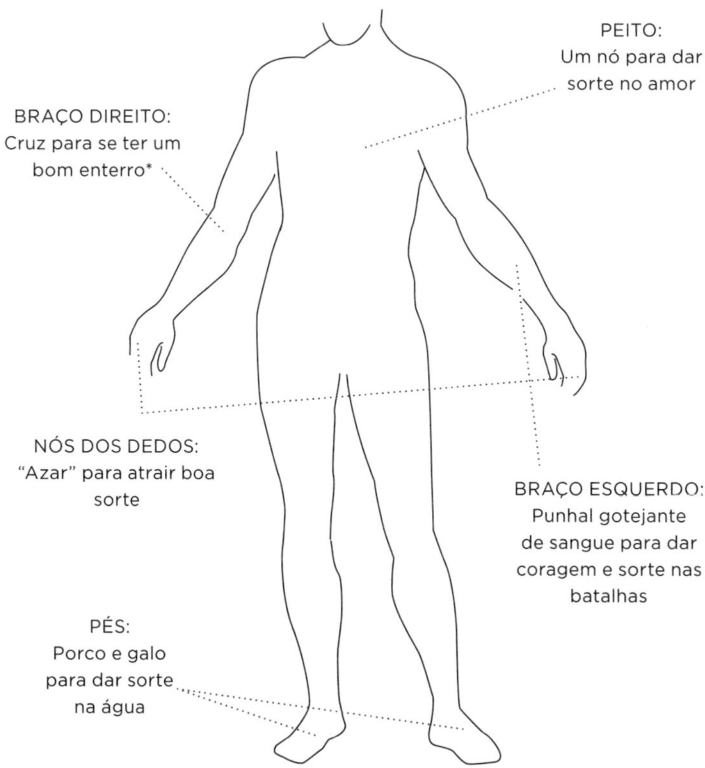

* Entenda-se: em terra firme e nos países católicos.
Se você for judeu ou muçulmano, talvez prefira uma tatuagem diferente.

PARA TER SORTE, FAÇA VOCÊ MESMO

Por trás do espírito do "faça você mesmo" (FVM), está, na verdade, o desejo de manipular matérias-primas e criar as coisas que você deseja ou precisa sem necessidade de pagar profissionais nem de cair na cultura consumista de nossos dias.
Assim, do mesmo modo que é possível reformar sua cozinha ou publicar uma revista, você tem condições de gerar ou aprimorar sua boa sorte.

TALISMÃ FVM

Os talismãs são meios eficientes de atrair boa sorte. Escolha um objeto que lhe seja favorável ou do qual você goste de verdade. Use a imaginação (e algumas ferramentas) para transformá-lo em um colar, um enfeite de espelho retrovisor ou um belo adesivo. O mais importante é que o talismã sirva como lembrete de que a boa sorte está sempre ao seu alcance quando você precisar dela.

RITUAL FVM

Os antigos comediantes de teatro acreditavam que teriam má sorte se amassassem suas calças antes de entrar em cena, e por isso cumpriam um ritual que os obrigava a sentar-se, só de cuecas, nos bastidores ou nos camarins enquanto aguardavam o início do espetáculo. Bom, provavelmente seu ritual de boa sorte não chegue a tanto, mas talvez requeira uma série preestabelecida de ações antes de cada reunião ou certo tipo de refeição antes de cada partida ou jogo. O aspecto mais importante dos rituais é sua capacidade de nos dar autoconfiança, tornando-nos, portanto, receptivos à boa sorte.

LEMBRETE  DA SORTE

Os estudiosos que fazem pesquisas sobre sorte observaram que a maior qualidade das pessoas afortunadas é justamente o fato de se sentirem assim. Caso ainda não tenha percebido, nossa intenção é transformar você em uma pessoa desse tipo. Destinamos esta página para suas anotações sobre boa sorte. Assim, quando atravessar uma fase difícil, consulte-a e lembre-se de que você já é – e pode ser para sempre – uma pessoa de sorte.

DIA DE SORTE:

....

NÚMERO DA SORTE:

....

COR DA SORTE:

....

PEDRA DA SORTE:

....

SINAL DE PELE DA SORTE:

....

TALISMÃ:

....

RITUAL DE BOA SORTE:

....